李煜词传

人生长恨水长东

精装畅销典藏版

李清秋——著

时事出版社
·北京·

图书在版编目(CIP)数据

李煜词传：人生长恨水长东 / 李清秋著.—北京：
时事出版社，2020.1

ISBN 978-7-5195-0360-4

Ⅰ. ①李… Ⅱ. ①李… Ⅲ. ①李煜(937-978)-传记
Ⅳ. ①K827=432

中国版本图书馆 CIP 数据核字(2019)第289734号

出 版 发 行：时事出版社
地　　址：北京市海淀区万寿寺甲 2 号
邮　　编：100081
发 行 热 线：(010)88547590　88547591
读者服务部：(010)88547595
传　　真：(010)88547592
电 子 邮 箱：shishichubanshe@sina.com
网　　址：www.shishishe.com
印　　刷：大厂回族自治县德诚印务有限公司

开本：880×1230　1/32　印张：8　字数：150 千字
2020 年 1 月第 1 版　2020 年 1 月第 1 次印刷
定价：42.00 元
(如有印装质量问题，请与本社发行部联系调换)

序言

李煜，五代十国时南唐国君，961—975年在位，字重光，初名从嘉，号钟隐、莲峰居士；南唐元宗李璟第六子，于宋建隆二年（961年）继位，史称李后主；开宝八年（975年），国破降宋，俘至汴京，被封为右千牛卫上将军、违命侯；后被宋太宗毒死。李煜虽不通政治，但其艺术才华非凡。他精书法，善绘画，通音律，诗和文均有一定造诣，尤以词的成就最高，代表作有《虞美人》《浪淘沙》《乌夜啼》等，是五代十国时期最伟大的词人，被称为“千古词帝”。

千百年来，只要提到李煜，人们眼前便会浮现出一位才华横溢的开山词宗形象；然而见诸正史的李煜，却是一个平庸懦弱的末代君主。这种不幸的矛盾组合，曾使无数人迷惑、惋惜。

他是一个风流了一生、痛苦了一生、荒唐了一生、优美了一生的词人，才华横溢，风华绝代。他一篇篇脍炙人口的诗词、一幅幅堪比王羲之的书法作品，非常人可比拟。在经历了文人、皇子、君王、阶下囚等多种身份的转换之后，他终于成为政治斗争的一缕亡魂。

身为亡国之君，李煜在治国方面是失败的；身为风流才子，他却留下了不朽的词篇，博得“千古词帝”的雅号。

他一生错为君王，却以千古词人之殇，留给世人一种最真切的隐痛。他只求于乱世中舞文弄墨，看尽世间百态，却终究逃不过宿命的千千结，在红尘乱世中任风雨飘摇。本书再现了这个集词宗与君主、天才与庸才、成功与失败于一身的人物全貌,解读了其大起大落而又赤诚的一生，让我们一同去品读李煜悲情的传奇人生。

目录

CONTENTS

第一章

一将功成万骨枯

第一节
乱世中的繁星

盛唐，一个动人的传说，夹杂着许多动人的传奇。

唐末，一个风雨飘摇的时代，一首悲欢离合的长诗。

乱世出英雄。乱世里，总有那么多可歌可泣的故事，像是漫天的繁星，盛开了一晚又一晚。都说历史是胜利者的书写，失败者永远无法改变历史。可又有谁知道，胜利背后的繁华沧桑无尽，失败的背影里也充满了欢喜悲忧。笑，固然甜美；泪，也自有动人之处。

这个漫长的故事始于那个悲欢离合的时代。

蔡州有一位杨行密，自幼家境贫寒，但力大如牛，从军后做了步奏官，不久因立功而晋升队长。他的上司心生嫉妒，生怕他平步青云会损害自己的利益，便怂恿长官将其调任远地戍边。杨行密愤然拔剑而起，自立门户，为庐州刺史。

唐末藩镇割据，所谓大唐王朝的帝王，早已不复往日风光。这片国土陷入了离乱纷争，而黄河两岸的藩镇都忙于割据中原，无暇顾及江南。杨行密集天时、地利、人和于一身，趁机大幅占据江淮地区，壮大力量。

一部英雄的发家史，也是一部斑驳的血泪史。乾宁四年（897年），朱全忠觊觎杨行密所占据的地区。那是一贯富饶的鱼米之乡，任谁都难忍心动。于是，双方陷入长年战争。这次战争，以杨行密的大获全胜而告终，他因此捍卫了自己的领土，暂时保全了一方安宁。江南或许是当时最为从容安定的地方，温润、柔和，每个人都生活得衣食无忧。那已经是乱世里最大的幸福。

天复二年（902年），昭宗迫于无奈，加封杨行密为吴王，实际上是承认了他的合法地位。深知民间疾苦的杨行密在称王之后轻徭薄赋、奖励耕织，令这片土地更加安乐。可好景不长，没过多久，励精图治的吴王杨行密便阖然长逝。

即位的是杨行密的长子杨渥。都说虎父无犬子，然而这条古训却在杨行密父子身上得到了反证。杨渥此人，荒淫无度，酗酒好乐，肆意挥霍父亲积累的声望和财富。杨行密所留下来的部将张灏、徐温等人苦心劝说，反而日渐被疏远。杨渥昏庸无能，导致大权旁落，当年的老臣张灏、徐温也已生出异心——跟着这样的帝王等于与虎谋皮，他们的忠心非但不能帮助他们实现当年的梦想，反而会招致杀生之祸，自立门户也就在情理之中。

天佑五年（908年），张灏借机诛杀杨渥，事后败露，反而被徐温诛杀。一山不容二虎，张灏死后，权力尽数落入徐温之手。或许，一切都是上苍注定的。徐温虽然长着一张温和的面孔，却无论如何也无法抑制住心里的欲望，他注定就是一位成大事者，其才华和野心都注定了他的不平凡。他将杨行密的次子杨渭送上王位，却将权力牢牢握紧，王位上的年轻人不过是他的傀儡。

徐温步步为营，长子徐知训被留在扬州监视杨渭，养子徐知诰则在润州候命。这本来是一出如意算盘，然而徐知训却是一个骄奢放肆、狂傲不羁之人。他非但不将杨渭放在眼中，时不时出言凌辱，还任性妄为地对待杨行密留下的老臣。即使是自己的弟弟徐知诰，他也极度轻视，从未将这个被父亲收养的弟弟当作自己的弟弟，甚至一度想要杀死他。

徐知训这种四处树敌的性格，最终导致了他的死亡。战将朱瑾时年就任行营副都统，因为家中养着的好马良驹为徐知训垂涎，险些被徐知训诛杀。这个诛杀计划走漏风声之后，朱瑾以其人之道还治其人之身，杀死了徐知训，最终朱瑾自己也为徐温的部下所杀。

天佑十六年（919 年），在徐温的逼迫下，杨渭无奈称帝，封徐温为大丞相，封徐知诰为左仆射。不久，处于风雨交加之中的懦弱帝王病逝。徐温故技重施，立当时的丹杨公杨缚为帝，然而大权依旧落在徐温手中，直至徐温病逝，情况依旧如故，只不过掌权者换成了徐知诰。

徐知诰的野心比起其养父有过之而无不及，徐温还可以安于摄政的位置，徐知诰眼中却只有那个至高无上的位置。徐温病逝不久，徐知诰便逼迫杨溥禅让帝位给自己。这个生于贫寒的孤儿最终成为一个王朝的主宰。或许，这是一场阴谋，亦是一场政变，而我们的故事终于正式开幕。

序幕漫长而沉痛，一切都仿佛在预示着这个故事亦是一波三折的。徐知诰正式称帝之后，定都金陵，改国号为齐，追封义父徐温为“义祖”，并讽刺性地封杨溥为“让皇”，派人将他送往润州软禁。

金陵前往润州走的是水路。很难想象，一生都无权无势的杨溥在渡江时是怎样的心情。风萧萧，水烟清寒，孑然一身的废君站在船头，一时间感慨万千。

江南江北旧家乡，三十年来梦一场。
吴苑宫闱今冷落，广陵台殿已荒凉。
云笼远岫愁千片，雨打归舟泪万行。
兄弟四人三百口，不堪闲坐细思量。

——李煜·《渡中江望石城泣下》

序幕在废君的凄凉中结束，李煜的传奇人生在废君的哀叹里开启。宿命，轮回，那些仿佛距离人生极度遥远的事情却在这个时代得到验证。多年后，当作为徐知诰后裔的李煜同样成为亡国之君时，他是否会想起自己的先祖亦是这样从别人手中得到江山的。

为了让自己的即位显得更加名正言顺，徐知诰即位后便以唐室吴王李恪为祖，并且改姓为李，光明正大地成为李氏王室的“后裔”。一个王朝，从开始到兴盛，到衰落，或者中兴，最后走向灭亡，就如同一个人的人生，花开花谢，云起云落，总会有浮沉，有起落。

第二节
孑然一身任飘摇

李昇，字正伦。其实他还有另一个名字，他在成为南唐的主宰之前，叫徐知诰。

或许，在午夜梦回时，他在金炉袅袅的安神香里，还记得当年的自己。往事如烟，那样轻，那样淡，却始终挥之不去。此时此刻，已经成为一方霸主的李昇未必想记得那个出身卑微的自己，只是，存在过的事实终究无法水过无痕、雁过无声。

彭城，一座小小的江淮小城，那里的日光永远温柔，水永远清澈，人们的语气也永远温和，就算是争执也会带上几分吴侬软语的韵味。他就出生在这座默默无闻的小城里，六岁看着自己的父亲走向死亡，八岁送走了自己的母亲。自此，他孤身一人，在江湖里任意漂泊。

一个八岁的孩童，就算流浪，又能走得多远呢？他记得自己时常停留在一座寺庙里，偷偷地溜进去，躲在一方殿里，听到雨声的哀泣、钟声的孤寂。他曾以为自己的一生应该就是这样过了。像所有流浪的孩子一样，无声无息地降生，又无声无息地结束。

后来，一个人来了，前呼后拥的，如同贵胄。他永远记得那人器宇轩昂的脸孔，微微垂下来，低声又不失威严地问道："你愿不愿意跟我走?"他忽然意识到这是自己生命的转折，命运在垂青自己，尽管那时的他并不了解什么叫作命运。他望着那张威严的面孔，望着那人身后恭敬而卑微的侍从，望着周围因那人的到来而黯然失色的一切，忽然想：如果我能成为像他那样的人该有多好。

不久后，他成为义父的养子，改口叫那个将军为父亲。他还知道，义父名叫徐温，是国主杨行密最为器重的大将，而自己也不再是无名无姓的流浪儿，他跟着徐家族谱上的排列，叫作徐知诰。

平心而言，他是不讨厌这个名字的，至少，这让他觉得自己真的又有了一个家。他还知道，当年将自己从寺庙中带走的人就是国主杨行密，原本自己该成为他的义子，却因他那些亲生孩子的激烈反对而作罢，他只能将自己转手送给义父徐温。

这桩旧事，在后来的战火里、诡谲阴谋里、沧桑烟波里，时常被他想起，那时他还叫徐知诰，奔波在未知的宿命里，在火海里行走，在刀口上舔血。如果当年自己成为杨行密的孩子，此后的人生会不会无需经历今日的坎坷？这个念头时常萦绕在他脑海深处，直至他坐上那个至高无上的位置，才明白一切都是命中注定的。昨日的因，今日的果。若当年他不曾成为徐知诰，今日也未必会成为李昪。

因为聪明伶俐，懂得察言观色，他进入徐府之后很得徐温夫妇的喜欢。他是懂得抓住机遇的人，并且深知如何才能更好地将机遇利用好。于上，他孝顺养父养母，事必躬亲，无微不至。于断文识字上，他专心致志，很快就能吟诗作赋。于武学上，他更是苦心孤诣。很快，少年老成的他成为养父的心腹。他的出类拔萃更像一把双刃剑，既能令他获得徐温的宠爱，也令他招致各方的忌妒，其中就包括徐温的长子徐知训。

天佑六年（909 年），他随徐温投身戎马，开始了辉煌的一生。不久，年仅二十二岁的他被派往升州为楼船副使，制造船只、装备水军、扼守要塞。两年后，战功累累的他被提拔为升州刺史。这个出身贫寒的年轻人充分证明了自己的才华，让所有人都刮目相看。他的才华不仅能令他成为战争中的枭雄，也能令他成为太平盛世里的明君。

在他就任升州刺史的几年间，升州城里海晏河清，人人富足而安乐，甚少出现令朝廷头疼的事情。城中的百姓都念着他的好，纵使他离任多年依旧记得他的名字。为官一方，能够有如此成就，在乱世里，已经是太不容易了。然而，羽翼渐丰的他却令一个人渐渐惶然不安，那个人就是他的养父徐温。

徐温想，纵使是血脉相连的父子，也曾为了权力而兵戎相见，自相残杀，更何况是没有血缘关系的养子。他害怕有朝一日，这个自己亲手培养出来的孩子会抢走属于自己的一切。人都是自私的，这位久经风雨的老将开始怀疑那个天资聪颖的孩子，惶恐在不久的将来，他们父子会反目成仇。

为了防止这一天到来，他毅然将徐知诰调任润州，令长子徐知训留守与润州不过一江之隔的扬州，自己则镇守升州。只是不久后，骄横跋扈的徐知训命丧黄泉，而养子徐知诰迅速出兵入了扬州城。等徐温赶回来，一切都已经晚了。他悲哀地发现，那个对自己极尽孝道的年轻人，不知从什么时候开始已经脱离了自己的掌控，纵使离开他，也能够凭借自己的力量成为一方霸主。可是他也感到骄傲，毕竟这个年轻人是自己亲手培养出来的。就像一个艺术家看到自己精心制作的艺术品一样，徐温在悲哀的同时也为之自豪，这种微妙的感觉令他忽然之间微微松开了始终紧握权力的手。或许，自己是真的老了，未来终究属于那些野心勃勃的年轻人。

力量是日积月累的。如今声势日隆的徐知诰也并非一蹴而就的。是的，徐温的预感没有出错，是他，暗中一直积蓄着属于自己的力量，准备在一个最好的时机里青云直上。他总是反复想起那些往事，清冷的寺庙、威严的君王、高木上扑簌飞离的鸟，万事万物都向那个人俯首称臣。他也想要这样的荣耀，他也想踏上那个万人之上的位置。或许，就是从那一刻开始，他知道了自己内心最深处的梦想，也开始真正了解自己。

那个混迹在街市里，不知生死，不知时日，也不知何去何从的流浪儿，在那一刻死去，又在同一副躯体里诞生了一个未知的、新生的、强大的灵魂。过去和现在以及未来，因心中日益蓬勃的梦想而割裂，他知道，自己的未来将会不同凡响。因为有了这个认知，所以他总是无比努力，他急切地想让自己强大起来，这是他走向未来必不可少的一步，只有强大，才能令他从容行走、不疾不徐，将所有属于自己的一切都牢牢握紧。

第三节
叱咤风云一生王

关于长子徐知训的死，徐温并不是没有怀疑过。为何事事都那样巧？是否有人精心布了一个局、撒了一个网，悄无声息地夺走了长子的性命？经过长久的思索，他开始怀疑义子徐知诰。毕竟，知训一死，他将会成为这场死亡最大的受益者——他的其他孩子都没有徐知诰那样深的城府，也没有他强大到连自己都暗自提防的力量，知训一死，他必然会成为自己最大的敌手。

只是木已成舟，容不得徐温再多做思考，他已经无法控制那个从古寺里走出来的年轻人了。为了表示父子感情依旧亲密无间，徐温只能顺水推舟，升徐知诰为淮南节度行军副使及内外马步都军副使，并留守扬州辅政。在傀儡君王杨渭驾崩后，各怀心事的父子俩密谋之后，又立了杨溥为王，依旧将军政大权紧握于手。

明里暗里，父子俩几度交手。表面上的风平浪静，弥盖了暗中的惊涛骇浪。几度来回，徐温都落了下风，他真正知道了养子的厉害，那是一只看似温驯却野性十足的老虎，只可惜这么多年来，他却一无所知，以为那只是一只漂亮而乖巧的花猫，随便丢块肉就能够令他死心塌地地追随自己。

那是在真正的战争中成长起来的虎，不畏刀山火海，也不惧枪林弹雨。他心思缜密，谨慎而大胆，几乎没有可以任人攻击的软肋。他可以为了让自己看上去更威严而服食丹药，使自己原本乌黑的两鬓斑驳而苍白。这样的人，如果是朋友，那是很好的，可如果被他当作敌人，那是一件非常可怕的事情。徐温开始慢慢地意识到这一点，可是此时的他已经垂垂老矣，不复当年的风光，若有人问廉颇老矣，尚能饭否？他只有苦笑着：有心无力。

这个年轻人，在军中不仅拥有至高的声望，还拥有民心。自古以来，得民心者得天下。从困顿潦倒中走出来的徐知诰并没有因自己后来的富贵而遗忘了民生疾苦。在辅政时，他真正为江南的百姓做了一些好事。不论他出于什么目的，只要百姓真正受益了，天下太平了，那就值得后人铭记、青史镌刻。

战争留下的创伤难以愈合，可幸存下来的人们都需要衣食住行。为了弥补战乱带来的伤痛，他下令遣散宫中歌伎，节省开支，同时开放山川河流，让百姓渔猎樵采，自给自足，并且实行轻徭薄赋的政策，努力将经济恢复到战前水平。他推行的政策令百姓获益，却同样损害了许多名门贵胄的利益，他们开始反对这种政策。他力排众议，决然推行，不出十年江淮地区就恢复了当年的繁华。

都说一将功成万骨枯，徐知诰深谙这个道理，若要走向成功，自己最大的助力依旧源于军中。他当了多年的将军，早已做到爱兵如子，只要他身在军中，就会同战士们同甘共苦，纵使是炎炎夏日，他在巡视军队时，也从来不会因自己的地位而贪图享受、安于逸乐。有多少祸端就藏在那颗安于享受的心里，他明白，因而从不骄矜放纵。

对于战死的士兵，徐知诰命令下属四处查访，给予其家属三年俸禄的补恤，对于家境贫寒的士兵，他亦是多次赏赐金银。他的这种行为，极大地提高了自己在军中的声望。那是一种无形的财富与权力，并不是虎符或官印就能够奠定的，这需要一点一滴地积累，才能有厚积薄发的一日。集民心、军心于一身的年轻人已经成为吴国最引人瞩目的青年才俊，许多怀才不遇的谋士奔走吴国，就是因为声名在外的徐知诰。

这其中，有江左才高八斗的韩熙载，有为日后的南唐创下一朝纲纪的江文蔚，还有常梦锡、李金全、卢文进等风采卓绝的名士或英勇小将。这些人后来都成为南唐基石，为这个王朝开创了一片新天地，而他们也成为南唐的元老级人物。徐知诰对这些前来投奔自己的文臣武将都异常优待和珍惜，他礼贤下士、知人善用，从不拒绝对方的要求。能有“伯乐”如是，身为臣子的，又复何求呢？后来韩熙载曾写诗称颂道：

仆本江北人，今作江南客。
再去江北游，举目无相识。
金风吹我寒，秋月为谁白。
不如归去来，江南有人忆。

——韩熙载·《感怀诗二章（奉使中原署馆壁）》（节选）

谁曾想，当年那些意气风发的少年当真能够成就一方霸业，开创一个崭新的王朝。这个梦，徐知诰时常做，却从来不敢奢望那会是真的。功败垂成，古往今来，江河涛涛，有多少英雄就败在这四个字上。他们都距离那个梦想那样近，可是有多少人能够梦想成真？他不敢往深处想，却知道失败的下场。有太多人跟着他，压上生命为赌注，这个筹码太大，他不能输，也输不起，他已经没有退路了，只能继续向前走着。

时光流逝，当年鲜衣怒马的年轻人到了“知天命”之年，时机已经足够成熟，而他也不能够再等待下去。那些忠心耿耿的谋士早已布好了局，将他推上“众望所归”的位置，不论是在朝中，还是在野外的舆论当中。那一年，金陵城开始流传一首民谣：江北杨花作雪飞，江南李树玉团枝。李花结子可怜在，不似杨花了无期。“杨花”，暗蕴杨行密家族的杨；而李姓，便是徐知诰日后改名的姓氏，亦是大唐王朝的姓氏。杨花落，李花灼灼其华，预示着杨家的衰落和李氏的兴盛。

如今，一切都已经成熟，江南两岸的百姓也在期盼着徐知诰登基为帝。只要能够令他们安居乐业，换一个人来当皇帝也未尝不可。在这样的情况下，徐知诰的即位似乎已经是“顺势而为”的事情，若是不这样做，反而显得有些矫情。

未久，徐知诰即位，随即改名李昪，开创了南唐。过往的那些硝烟和风流，以及属于杨氏和徐家的辉煌，终于被雨打风吹去，属于他们的时代已经落幕，而属于李昪及其子孙的时代才刚刚开始。那位从孤儿成为名将、良臣，最后成为一方霸主的李昪，不仅军功卓著，更是一位出色的政治家。

在他的统治下，南唐出现了前所未有的兴盛。在这片三千里的富饶国土上，从武义元年（920 年）到升元七年（943 年），他兢兢业业、励精图治，使当时的南唐成为“十国”中的佼佼者。若是他能够活得再久一些，或许南唐就不会覆灭，历史也不会是我们如今所看到的这般模样。只是，生命再长，也会有终点。

这位一生叱咤风云的帝王，时至弥留，依旧放心不下家国大业，紧握着长子李璟的手殷殷嘱咐：汝业守成，宜善交邻国，以保社稷！他是那样牵挂着自己好不容易打下来的一片江山，也牵挂着自己的那些孩子，他们生于安乐，几乎都未曾吃过苦，他们只要能够守成，就是他最大的心愿。只可惜，纵使是这样低微的心愿，李昪的子孙后人也未曾实现。若是黄泉下有英魂，不知他可曾瞑目。

第四节
前世今生，夜未央

悠悠历史长河中，每个人都是一颗细小的微尘。掂起生命的重量，于个人记忆是载不动的俗世情愁，于变幻时空却是眨眼间的红尘梦醒。

从出生到死亡，芸芸众生都在自己的故事王国中沉沉浮浮。最后，这些故事被历史这张残酷的筛子抛去了大多数，只留下几段佳话、几声叹息。

南唐升元元年（937 年），东方国度最浪漫的七夕夜里，空气温暖，草木飘香。天上搭起鹊桥，牛郎与织女含泪相见。人间张灯结彩，善男与信女诚意祈祷。一位浪漫的皇帝也在此时睁开了望向这个世界的第一眼。

彼时，古城金陵热闹喧嚣。在高高的王府高墙之后，在富丽堂皇的宅院之中，在忙忙碌碌的仆人之间，一个男婴呱呱坠地，发出一阵清脆激越的婴啼。夜未央，烟火正艳，他寻到了最浪漫的时间点，忘了前世，款款走向今生。

这个小小的婴儿，就是吴王李璟，即李景通的第六个儿子——千古词坛的“南面王”，也是后来的南唐亡国君主李煜。

吴王李景通正是徐知诰的嫡长子，他此时虽然还未称帝，但以天下兵马大元帅身份坐镇金陵的他，在事实上已经掌握了朝政。而按照帝王家千古信奉的嫡长子继承制，李景通是想当然的未来皇储。

除了身份上的根正苗红，历史也赋予其一个神秘的传说。据说，徐知诰曾在一日午睡时，梦见飞龙从天而降，它遍身金鳞，喷着云雾，由升元殿的西楹直奔大殿破窗而入。醒来后，徐知诰感到这像是某种神秘的预示，便派身边的人前去查看。不久，侍卫回禀，在升元殿中看见了皇长子李景通，正倚着西楹仰望雕梁画栋。

这种巧合让徐知诰陷入深思，所谓“天子”，就是上天指定的金龙化身，莫非这梦中的征兆，就是要授传天意吗？思前想后，徐知诰决定在未来顺从上天的安排，将天下传给长子李景通。

再说七月初七这一天，李景通正在书房挑灯夜读，忽听房外脚步忙乱，随即清脆的敲门声响起，一个侍女疾步进来，用激动的语气禀报：“恭喜王爷又得一贵子！夫人请您拨冗为新生儿命名。”

李景通闻言喜形于色，连忙放下手中的书本，激动地站起身来。虽然这已经是他的第六个儿子，但是为人父的喜悦还是满满地溢在心间。他轻捻胡须，微笑地望着那个侍女，说：“此乃大喜讯，府内又添男丁。赶快回去侍候好夫人的身子，名字待我斟酌后奏请父亲。”

侍女应了一声，连忙转身告退。李景通望向窗外的月亮，感觉它也心意相通地望着自己，并轻轻为它唱起了一首银色的歌。他背着手，在书房里来回踱步，窗外的月光与窗内的烛光遥相呼应，把他愉悦的心情投在墙壁上。

良久，这个认真的父亲忽然眉头舒展，喃喃自语：“今宵适乃七夕佳节，吾儿在此吉日良辰降生，为父祝愿他终生幸福，诸事如意，就为他命名‘从嘉’，让他一切从‘嘉’吧。”在父亲的祝福下，在所有人的呵护中，从嘉离开了母亲温暖的堡垒，来到这世间。

从嘉的故事有个传奇的开篇，还不仅关乎降生时间。当家人相继抱起这个可爱的初生儿细细端详时，才发现他竟是天生异相：天庭饱满，双颊丰腴，前面两颗门牙合二为一，其中一只眼睛有两颗瞳仁。

在古代的玄学中，从嘉的面相正是“骈齿重瞳”，是世间稀有的贵人相。在旧史书的记载中，周朝的周武王便是如此，还有那勇猛非凡的项羽霸王，难怪人人皆道这是非凡之相。李府上下到处洋溢着喜气。也正因如此，从嘉字又为重光。

但这时谁也不曾想到，似乎有着双瞳的男子都有着悲惨的结局，项羽是这样，李煜也是这样，最终皆被迫自尽。李煜的死和他的一生，都是那么悲壮。

从嘉的“骈齿重瞳”很快被传成佳话，人人都言这是天命所向。徐知诰得知后十分欢喜，家里不仅人丁兴旺，又沾了吉利的喜气，这让他更加坚定了登上皇位的信心。从嘉出生三个月后，徐知诰毅然逼迫吴王退位，自己如愿以偿登上了皇帝的宝座。

徐知诰登基后，提倡节俭。但是，李府终究从王府一跃成为皇家宅院，从嘉有了世上最好的锦衣玉食，连奶娘和丫鬟都经过了精挑细选。他的童年是在精心的呵护下开始的，是在世人的艳羡目光下度过的。

骈齿重瞳的样貌让从嘉备受重视，虽然他只是父亲的第六个儿子，谈不上有继位的机会，但仍有人暗地里认为，那是冥冥之中注定的。

从嘉从小聪明懂事，尤其对诗文颇有天赋。七岁时，他就能对着皇帝爷爷背诵曹植的《燕歌行》。更惊人的是，他不仅能够背诵，同时也能理解其中的深意，徐知诰对这个孙子愈发宠爱。

也就是在从嘉跨进人生第七个年头的这一年，他成长的家庭发生了巨变：二月，祖父徐知诰病逝，父亲李景通继位，是为中主，改元为保大元年（943 年）。

从嘉与五个哥哥一起摇身变为皇子，可这不是美丽故事的开端，却是悲伤故事的序曲。生在帝王家的无奈叹息开始呼出，刻在青花瓷上的前尘往事渐渐浮现。

第五节
奈何错生帝王家

李煜，字从嘉。提起这个名字，人们往往会发出一声长叹。就算只是粗通文墨的人，也知道那是历史上的南唐后主，善琴棋书画，奈何错生了帝王家。人们总是用“错生”这样一个词来形容他的一生和命运，然而李煜的一生，难道当真只是一场错，惹来万般怜惜？

一切，都有可以追溯的源头。如果李煜不曾诞生在这样的家庭中，就不会有这样的际遇，也不会有机会接受那么好的教育，更不会“国破山河在，城春草木深”。或许，我们的文坛上就少了一位举足轻重的词人，也少了一位可悲、可叹却也可敬的君王。出生于帝王家，是李煜的不幸，亦是他的幸运，爱恨不过一念之差，幸或不幸也只是一线之隔。

李煜的父亲李景通亦是一位文采风流的皇帝，只不过南唐未曾灭亡在他手中，他在史书及人们的记忆中，更多地是以“李煜的父亲”这样的身份现身的。其实李璟的词也写得极好，清雅温和，颇有文人之风。

手卷真珠上玉钩，依前春恨锁重楼。风里落花谁是主？思悠悠。

青鸟不传云外信，丁香空结雨中愁。回首绿波三楚暮，接天流。

——李璟·《山花子》

这首被传诵得最多的词，比起儿子李煜的作品，也不见得逊色多少。李氏家族一向是极富文学气息的。而南唐温润的气候，或许更多地柔润了这个家庭。不仅父亲李璟文学修养深厚，祖父李昪亦是善于诗词。在这样的家庭出生，孩子要么成为八面玲珑的政客，要么成为温柔清秀的文人。显然，李煜成了后者。

从嘉是李璟的第六个儿子，也就是说，他的上头还有五个哥哥。在李璟登基为帝之后，六个孩子都成为皇子龙裔，地位也越发尊贵。然而，这种变化并没有给年幼的从嘉带来多大欢喜，他更希望自己能够成为街市里一个普通的孩子，可以清贫，却团结而欢乐，挨打了有哥哥为自己出头，受伤了也有父亲柔声安慰。可他知道，那看似触手可及的梦，实际上是遥不可及的。他是南唐君王的儿子，不管是谁见到他，都会毕恭毕敬地唤一声“六皇子”。

他尊贵的血统、异于常人的重瞳，招致了最初的祸端——那源于他的兄长、李璟的长子弘冀。年长从嘉六岁的弘冀，十六岁就被父亲封为燕王，那是一个极其难以捉摸的人。他沉默寡言的背后隐藏着极深的城府，为人当机立断、心狠手辣，某些时刻像极了祖父李昪。温和的父亲李璟并不特别喜欢这位长子，虽然他战功卓著，为南唐江山立下了汗马功劳。但弘冀一意孤行、狠毒凶残的性格，却是李璟最为厌恶的。

为了确保自己的皇位，弘冀甚至毒死了自己的三叔，也就是晋王李景遂。起因不过是李璟有一次无意中提起自己打算将皇位传给晋王，弘冀就生生毒死了他。这桩血案最终成为宫廷秘闻，被掩埋在风沙里，多年后，血迹都已经干涸，却在当年还是个孩童的李煜心中留下不可磨灭的阴影。

他是那样恐惧着那个手段残忍的长兄，又是那样明白，这位兄长在除去三叔之后，已经再也没有回头的机会。他渴望的父慈子孝、其乐融融的家庭，已经成为一个泡影，他只能将自己隐匿在文学的身后，沉溺在所谓的“靡靡之音”里，用弘冀素来不以为然的事物来掩饰自己——他不过是一个除了文墨一无所长的幼弟，那些朝廷上的风云变幻，他不关心，也不愿意关心。

渐渐地，那个曾被祖父和父亲寄予厚望的少年变成一个默默无闻、甘于寂寞的男子。他生活在一片离政治十分遥远的天地里，心平气和地写着自己的词，悄无声息地作着自己的画。他最喜欢的不是金碧辉煌的享受，他更愿意安静地徜徉在萧萧的竹林里，听细雨打落，看碧叶飘零。皇室的阴谋诡计，同这个少年再无关系，他只求有一日悄然归隐。那时，李煜将自己的号改为钟隐，别号莲峰居士。分明可以惊才绝艳的少年，却过早地心如死水。

都说孤寂难熬，可之于从嘉，那是上苍给他最好的礼物，他可以在孤寂里，细细地聆听年华流逝的声音，默默地享受时光的静谧和美好，这种欢愉时刻是父王无法了解的，也是弘冀终其一生都无法体味的。他渴望着天大地大，自己能够驾一叶扁舟，任江水自流，远遁红尘，悄然归隐。永忆江湖归白发，欲回天地入扁舟。晚唐的李义山是这样写下的，他追逐着这样安静的生活方式，殊不知，那也是遥不可及的泡影。

或许在刚开始的时候，文学不过是李煜掩饰自己的一张面具，然而时光渐长，文学却变成他的情之所钟。他开始深刻地爱上它，最终也以它永远地留在了历史之上，留在了人们的记忆之中。

阆苑有情千里雪，桃李无言一队春。一壶酒，一竿身，快活如侬有几人。

一棹春风一叶舟，一纶茧缕一轻钩。花满渚，酒满瓯，万顷波中得自由。

——李煜·《渔夫》

这是李煜在内供奉卫贤所作的《春江钓叟图》上的题词，看得出，他是何等羡慕那样的生活：平凡、自由，来去自如，除却生与死，没有什么能够控制脚步的方向。他只是想做一位小小的钓鱼翁，哪怕风餐露宿，哪怕跋涉千山与万水，但只要能够恣意驰骋于碧涛雪浪里，顺春风漂泊，任明月冷落，喝一口劣质的酒，唱一曲跑调的歌。

除却诗词，李煜的书画亦是双绝。他的书法初临柳公权，继而临欧阳询等人，然而他最喜欢和尊崇的还是晋时卫夫人的书法，受她的影响也最深。总体上而言，李煜的书法是博采众家之长，糅合万端变化而自成一脉的，后来这种字体被称为“金错刀”，以瘦硬、风骨俊朗见长。后人形容这种字体“大字如截竹木，小字如聚针钉”。只可惜的是，在千年流转的时光中，从嘉的书法早已失传，他的墨宝也散失无踪，后人已经无法看到“金错刀”卓绝的风采，正如无法看到他的悲伤痛苦、欢乐忧愁一般。

从嘉的画也非凡品。如同他的书法，他的画亦清瘦绝伦、遒劲沧桑，这种画法被称为“铁钩锁”，生冷瘦硬，又别有韵味。其实他能够入画的事物并不拘于一格，不管是人物还是山水，都能够成为他笔下栩栩如生的景象。只是这些笔墨丹青，有的在南唐灭亡时被他自己付之一炬，有的则流散在浩瀚的时光里，实为憾事。

最初的从嘉，选择了那样一条隐晦的归隐之路，他以为自己或许就要如此了断一生了，当一个闲散逍遥的王爷，偶尔同三两墨客聚于一堂，痛饮长歌。其实这样也未尝不好，至少他可以安然终老，纵使国破家亡，他也不会背负“亡国之君”的罪名。他是在很久之后才知道的，原来自己一生之中最无忧无虑的时光，就是那段时而凶险、时而无助的少年时光。

第二章 身处荣华覆烟云

第一节
身处荣华万顷云

在父亲李璟的众多孩子中，从嘉排行第六。按照自古以来的长子承袭制，从嘉是没有继位权的。论长论嫡，如果不是那天生异相的重瞳，帝位也不会落在他的身上。然而，对于许多人都可望而不可得的王位，从嘉是淡然的，他甚至对那个位置有着淡淡的厌倦。出生帝王之家，身处荣华富贵的万顷烟云里，又哪里抵得上寻常烟火里的温暖。

成为南唐后主之前的李煜，更像一个历史的旁观者，于乱世的纷纭里撑着一把秀气的紫竹伞，独自远行。而那时的南唐，本来就处于一个多事的时节，又因为皇储之事，显得越发扑朔迷离，人心难安。

南唐是一个短暂的国家，从开国到灭亡，不过短短三十九个春秋，前后却经历了三个君主的统治。从开国君主李昪到中主李璟，最后到后主李煜，这祖孙三代却经历了一个可笑的变化——在治国才能上，一代不如一代；在文学才华上，反而是长江后浪推前浪，一代比一代更加辉煌灿烂。李昪生于离乱，成于离乱，最后亦是死于离乱。他一生耗尽心力，终于将江淮地区的三十五州经营成一个富饶强大的国家。

李昪临终之际，南唐已经是一个实力和财力都格外雄厚的国家，在这片土地上并存的其他国家，都不敢轻易来犯。这位天赋奇高的君主在闭上双目时还有一个伟大的夙愿——养精蓄锐，等待时机成熟之后出兵北伐，结束这个五代十国的局面，一统天下。然而，时光却过早地终止了他的年华，还没等到完成夙愿，他就阖然长逝，而这个伟大的梦想也终止在了那一刻。他的长子李璟，远没有继承他的雄才伟略。

李昪明白，这个生性慈柔的长子心地并不坏，这是他的长处，亦是他的软肋。如果他身边有精明强干的人辅佐，守成不成问题；但如果四周都是些奸佞小人，情形便会变得糟糕。升元七年(943 年)，李璟即位，改元为保大。成为皇帝的李璟，在最初几年里，诚然是励精图治、萧规曹随的，能知人善用、知错就改，对于良臣的劝谏也能够虚心接受。只是，他未能持之以恒。没过多久，由于识人不清，朝廷很快陷入小人把持、良臣备受欺压的局面。

而此时的李璟，再也听不进去旁人的劝谏。后来，时人将当时把持朝政的冯延巳、冯延鲁、魏岑、陈觉和查文徽几人称为“五鬼”，意为他们装神弄鬼，将原本还算清明的朝政弄得乌烟瘴气。这几人本来就是轻浮且仗势欺人的跳梁小丑，仗着李璟的宠爱，不把满朝文武放在眼中，偏偏李璟还对他们信任有加，长此以往，国必不成国。

在“五鬼”的挑拨蛊惑之下，李璟飘然欲仙，当真以为自己会同父亲李昪一样，成就一番千古霸业，竟悍然出兵闽楚地区，使得举国上下一片哀鸣。自古以来，都是纸上谈兵、侃侃而谈的人多，而能真正掌握战局、占据上风的人少。李璟此人，善文而不善武。此次出兵，本来就是仰仗着父亲李昪仅剩的余威，纵使胜利，也不见得是李璟自己的功劳。

如同上苍的一次戏弄一般，李璟此番出兵闽国，竟然节节胜利，其实更多原因还在于闽国内在的危机。早在保大二年(944年)，闽国就已陷入王位之争，王氏兄弟为了争夺王位，不惜兄弟相残，爆发内战。闽国上下，民不聊生，百姓逼于无奈，向李璟的军队打开了城门，甘愿投降，成为南唐子民。闽军横征暴敛，失道寡助，很快就只能退守建州。保大四年946年，唐军攻破建州，闽国末代君王王延政被押往金陵，被李璟先后封为“羽林大将军”“自在王”，成为阶下囚，直至老死。唐军在闽国势如破竹，汀州、泉州、漳州等地首领先后投降，等到福州将领李仁达投降之时，李璟以为自己是天命所归，不由得沾沾自喜。

未料，李仁达不过是假投降。他一面假意归顺南唐，一面却在百姓中散布谣言，致使民心离乱。其实也怨不得民心所向，闽国国民原以为唐军良善有序，于是打开城门迎接他们，没想到唐军进城之后却翻脸不认人，纵容士兵烧杀抢掠，无恶不作。在这样的情况下，百姓自然是怨声载道，悔不当初。消息传到李璟耳中，他大怒之下，当即命令陈觉率师征讨。李仁达走投无路，不得不求助于邻国吴越国主钱弘佐。出于战略考虑，也就是害怕闽国灭亡，前线失守，钱弘佐出兵福州，增援李仁达，南唐军队被两面夹击，顿时溃败，伤者不计其数，死去的士兵达两万余人。其惨烈，不能以文字直抒。

此事一传回金陵，南唐举国震惊，刚正不阿的臣子即刻上书弹劾“五鬼”，要求李璟下旨将罪魁祸首陈觉等人斩首示众。迫于舆论压力，李璟不得不下旨将几人斩首，然而陈觉等人却在权相宋齐丘的营救下得以脱身。此举大大激怒了朝中清流，御史中丞江文蔚上书李璟要求严惩“五鬼”，所表内容激愤壮烈，将矛头直指君王李璟。果然，李璟勃然大怒，江文蔚被贬至江州，降为司士参军，却更加惹来众怒。为平息舆论，李璟不得不作出牺牲，他先是将陈觉、冯延鲁等人流放，继而将魏岑贬为太子洗马，将冯延巳降为太子少傅。

福州战败之后，南唐已元气大伤。李璟却没有看到其中的危机，依旧心怀壮志，梦想着有朝一日统一天下。然而，留守漳州等地的闽国将领却已看出南唐此时的外强中干，并屡屡作乱。为保太平，李璟不得不封他们为王，让他们拥兵自重。保大九年（951年），李璟出兵楚国，攻占潭州、鄂州等地，灭了楚国。此时，南唐的领土比原先扩大了一倍有余。李璟看着地图上的疆界，心中自然是极其得意的——父亲未竟的事业，或许将由自己来完成，这是何等的骄傲和扬眉吐气啊。然而，他的美梦还没有做完，就被军中的急报残酷打断。

此次的危机源于一度觊觎楚国的南汉，他们趁唐军不备，暗夜偷袭，大败唐军，占领桂州。与此同时，朗州将领刘言起兵攻占潭州，不久，刘言继续联合楚国遗民，收复了楚国的大片领土。李璟的美梦即刻被打破，他壮怀激烈的梦想宣告灭亡，屡屡的打击，终于令中主李璟看清了自己的能耐。父亲说得没错，自己若能守成，就已经是最大的成就，然而自己却不听劝告，非要想着天下霸业，却造成现在的局面。

两次出兵闽楚，李璟已经将父亲积累下来的财富消耗了大半，为了弥补亏空，他就采取了重税，从百姓身上榨取。望着空空如也的国库，他终于觉得大势已去。此时的南唐已经是千疮百孔、满目疮痍，他哪里还有颜面去见黄泉之下的老父呢？

诚然，如果李昇还能够多活十年，以他的才能和南唐当时的国力，也未必没有统一天下的机会。然而，命运对于这个江淮之国的眷顾却实在过于短暂。李璟即位后，并没有如李昪所愿的那般发愤图强，当他妄自尊大时，南唐就已经注定了要走向穷途末路。

第二节
恻然转身捻墨香

山舍初成病乍轻，杖藜巾褐称闲情。
炉开小火深回暖，沟引新流几曲声。
暂约彭涓安朽质，终期宗远问无生。
谁能役役尘中累，贪合鱼龙构强名。

——李煜·《病起题山舍壁》

这首诗写于三叔李景遂死后不久，为了逃避来自弘冀的猜疑和迫害，从嘉投身文学创作，毅然远离金陵的纷纷扰扰。长兄弘冀或许是李家子孙中最像祖父李昪的一位，他行事果决、刚毅、敢作敢当，在某种程度上比李昪还要心狠手辣几分。至少，李昪是睿智的，亦是松弛有度的，不曾伤害自己无辜的亲人。

弘冀却并非如此，只要是被他认定为登上帝位的障碍，他不惜一切也要除掉，以保障自己的利益。李璟深知长子的秉性，为了保全自己的亲人，便将弘冀送出京城。可纵使如此，也还是难保亲人周全。三弟李景遂就是因为李璟自己的一句戏言，死在了弘冀送来的一杯鸩酒中。由于李景遂是中毒而死的，尸身未及落棺，便已腐烂。

那年的从嘉不过是一位柔弱的少年，却因为目睹了这一幕惨状，心中凄然，日后回顾往事，也觉得心有戚戚然。帝王之家，哪里像寻常人所想的那样富贵又快活？权力和欲望早已将原本良善的人性磨灭成一点冰冷的余灰，寻不出一丝的暖意。他恻然转身，面向文墨与书香，开始与佛结缘，在佛理的慈柔普渡中，找寻人生的意义和平淡。

而这首《病起题山舍壁》，亦是在向凶残的长兄表明，自己无心帝位，只愿当深山里悠然闲行的老翁，于红叶满阶时沾一身秋露，在幽深浓雾里筑一方竹庐，无声度过此生。李煜一生当中只写过十八首诗，而这段时期就写了三首关于病的诗。显然，此时的李煜得过一场大病，病因或许来自紧咬不放的长兄李弘冀，或许来自幽幽深宫里的哀怨缠绵，这使得原本就不算健康的少年缠绵病榻。

病中生活多寂寞，身处荣华富贵中的从嘉，即使是触手可及的繁华，也没有给他带来些许的慰藉，反而令他觉得冰冷。父亲忙于国事，而兄长们又为了一顶王冠自相残杀，没人记得自己还有一个病重孱弱的弟弟需要关心和温暖。或许，他们也曾暗自偷笑，小六那个傻子竟然在这时候一病不起，父亲有那么多儿子，少一个就少一份威胁，赢的概率也就更大一些。他们忘记了，病榻上的不是旁人，而是自己血脉相连的弟弟。父慈子孝，兄友弟恭，儒家文化中的传统孝道，更应该是太平盛世的华美外衣，在这样的乱世里，还有谁记得世界本来就应该这样井然有序、合理妥帖。

自古以来，多少人命丧那黄金宝座之下。那些人看到了坐上去的风光，看到了宝座之上翻云覆雨、执手乾坤的力量，看到了普天之下泱泱王土的风云霸业，却没有看到王座下斑驳的血色，那是历朝历代积累而成的孽债，昭示着层出不穷的野心和欲望。从汉朝的“巫蛊之乱”到唐朝的“安史之乱”，再到清朝的“九龙夺嫡”，都是一个位置、一顶王冠引发的血流成河的惨案。人们总是习惯于看到胜利，却不愿看到失败的惨然。

在中国乃至世界的历代帝王中，几乎没有一位皇帝是在正常的家庭环境中成长起来的。他们中的大多数从小就离开了生母，被送往陌生的宫殿，接受皇室子弟的教育和训练。他们在一场场血色的宫廷政变中成长起来，时不时目睹弑父、杀兄的惨剧。他们不知道自己何时会变成下一个牺牲品，于是为了自保，不得不举起屠刀，成为自己之前所鄙夷或是崇拜的那类人——为了权力可以不惜一切，自己的亲人和所有都可以牺牲与出卖。成大业者，大多如是。

他们踩着厚重的血迹成为最终的胜利者，可是森冷的王座就像一张越收越紧的网，让他们几乎喘不过气来。或许，那是无辜死去的人们默然无声的诅咒。

李煜是清醒的，所以在一开始，他就选择了明哲保身。虽然他成为南唐的亡国之君，但总体上而言，他还是正常的。在这样的家庭中，能够长成一个正常的孩子，可以看出，李煜实际上也拥有一个坚强的灵魂和一份坚韧的心志。哪怕他看上去只是一位柔弱淡然的少年，可是一旦望向他的双眸，就会发现他其实并不是一味地屈从。后来，他写了一首《病中书事》，从这首诗中，我们就能看出这小小的温柔少年也有自己的梦想。

病身坚固道情深，宴坐清香思自任。
月照静居唯捣药，门扃幽院只来禽。
庸医懒听词何取，小婢将行力未禁。
赖问空门知气味，不然烦恼万涂侵。

——李煜·《病中书事》

他知道，一味地沉溺只会让自己更加虚弱。尽管他只是想要一种宁静悠远的生活，可这种生活不过是系在上位者偶然的怜悯慈悲中，天有不测风云，谁又能确保自己永久的安宁？他的心中渐渐有了一缕淡薄的意识——真正无力的弱者，是连自保都无法完成的。难道他要成为真正的弱者吗？

病中的少年终于发现，一切都不如自己可以信赖。如狼似虎的兄长们，永远不能对他们报以希望。谁知道父亲百年之后，他们会不会抛开如今还算“其乐融融”的面目，转身冷眼以对？到那时，自己还不是一团任人揉搓的泥，都不知何处可以容身。只是，从嘉徒然有这个念头，却对现在的情形无能为力。

他不是手握重兵的长兄李弘冀，也不是即将成年的兄长们，各自都拥有忠心的谋士。他的羽翼还来不及长成，他不过是靠着父亲的宠爱苟且偷生着的孩子，无力，也不敢公然反对自己的兄长们。他只能将这种欲望，如果可以将这种心愿称为欲望的话，压制在心里最深处的地方，不敢让谁知晓。而表面上，他依旧是那个风轻云淡、清心寡欲的小小少年，不争不抢，不喜不怒。谁都不知道，此时的从嘉自己也不知道，在不久的将来，他会得到命运女神的垂青，从此，他的命运将会发生天翻地覆的变化。

同样，那时的从嘉也不知道，终其一生，自己的生命都系在别人手中，任他们为所欲为。他的命运更像被什么在背后操纵，从未真正属于过他自己。

寂寞春深，空庭久冷。被遗忘的六皇子从嘉，在病中苦读经书。然而，沉痛的是，普渡众生的佛法并没有令这位皇子看到人生的真谛，他反而觉得人生苦短，就应该对酒当歌，及时行乐。这场病是他人生中的一个巨大转折，只是这个转折令他在迅速成熟的同时，也迅速走向衰弱。这可以说与他后来继承了王位，却没有励精图治，成为中兴之主，反而大兴土木，醉生梦死，沉溺在文学和艺术的享受中不能自拔，脱不了干系。

第三节
无心插柳柳成荫

很想知道，命运究竟是一种多么玄妙的东西。

命运，无影无踪，无形无体。可就是这样的它，却把我们每个人都紧紧地掌握在其中，如同被包裹在密不透风的蚕茧里，扑朔迷离。有人说，性格决定命运，也有人说，命运紧握在自己的手中。可是我相信，冥冥之中，自有天意。

这并不是一种消沉的说法。我只是相信，每个人都会同命运相逢，谱写一曲美丽的歌。奋然进取，固然是壮烈美丽的；随遇而安，未必不是一种美好的选择。不是所有的人都适合刀光剑影、匆匆来去的生活方式，或许，他们更适合走进一座幽静的山城，浅然独行在鸟语丛影里，落叶和落花都静谧无声，人生的步履就这样悠闲而沉静。

李煜一直以为自己应该选择后一种生活，他是那样深刻地了解自己——自己并不是可以成就霸业的王者。就这一点而言，或许长兄弘冀比他优秀万分，尽管那是一位冷漠而凶残的兄长，却有着他永远无法企及的魄力和果断。他太优柔、太敏感，又太喜欢那些风雅的事物。那些可以令他成为文学上的君王，却无法让他应付政治上的各种风波。

因而，即使他也曾想过有朝一日取代长兄，然而那不过是一个备受欺凌的孩子一厢情愿的想法。实际上，他一贯以为，那个位置应该是属于长兄弘冀的，他只是想保住自己的小小太平，不愿走出那片安宁天地，却没想到，命运并不如他所愿，硬生生地将他推向巨大的鸿沟之中。

他的父亲有很多孩子，从嘉排行第六，下面还有弟弟。其实这是一个不上不下的位置，不是长子却备受器重，不是幼子却备受宠爱。如果不是那只重瞳，或许他也就泯然于众了，在父亲的众多儿女里，平庸寻常，默默无闻。正因为他的重瞳，祖父和父亲都对他关注有加。他们相信，从嘉是能够成大事的，因为古往今来，拥有重瞳的人都是天命所归，如同那位英勇的西楚霸王项羽一样。

重瞳在给从嘉带来荣耀和宠爱的同时，也给他带来了如影随形的嫉妒。如同生和死总是相连，阳光之下也总是有阴影共生。在承受意料之外的宠爱的同时，从嘉不得不接受来自各方的冷言冷语和明枪暗箭。如前文所述，他吃尽了苦头，将所有风华都隐没，把原本风清秀雅的自己变成沉醉文学的庸人，才从长兄弘冀手中保住性命，这正是他所付出的代价。

可就在他以为要这样终其一生的时候，弘冀却病重不起。那是一场来势汹汹的战争，转瞬就击败了那位浴血而生的年轻将军。很快，这位野心勃勃的年轻人抛下所有未完成的梦想撒手而去。死，就是那样强大，在它的面前，人人都平等如初生，不论是千古霸业的帝王，还是卑微平凡的常人。弘冀心中，一定痛恨着命运。他已经离那个位置那样接近，为了加冕的那一天，他用尽了心机，甚至毒死了自己的三叔。他羽翼丰满，连父王都已经对他无可奈何，再过几年，这就将会是他的天下。可是，他再也无能为力，而他之前所有的努力，竟然都是为他人做了嫁衣，这不啻于命运所开的偌大的玩笑。

弘冀死后，从嘉恍然发觉自己成了长子，而自己前面的五个哥哥出于各种各样的缘由居然都已早逝。除了弘冀，他们大多在未成年时就已经夭折。命运，再一次同这个羸弱的皇室家族开了一个大大的玩笑。排行第六的从嘉，成为皇位的第一顺位继承人，理所应当取代弘冀，成为南唐的太子。尽管这并非他所愿，却容不得他不从。

当真是阴差阳错。弘冀是有心栽花花不开，而从嘉却是无心插柳柳成荫。弘冀的死，对于李璟而言，是又一次沉重的打击。他并不是不爱这个行事狠戾的长子，他也曾对他寄予厚望，希望在自己的有生之年能够看到弘冀完成霸业。但他有一种预感，如果长子即位，南唐就会发生一个巨大的转变。他对长子疏远，不过是因为生性慈柔的他看不得那样血淋淋的事实。李璟是如此矛盾，一方面希望有一个像父亲那样雄才大略的继承人，一方面又希望自己的孩子纯良温和，洁白得如一捧雪。因而，在长子早逝时，他只能感叹一声，南唐果真是大势已去。这位中主再也不想在国事上有任何作为了。

他将六皇子从嘉封为太子，命他入主东宫，却将自己隐入了更深的幕后。天性中的软弱，开始更淋漓尽致地显山露水，主导了李璟的一切作为。命运终于露出了它的真面目，它将毫无准备的从嘉送上了王座，之后却对他不闻不问，不再眷恋。二十年醉梦的人生都已经过去，从嘉穿着九爪的蟒袍，神色莫测地望着金碧辉煌的宝座，心中百感交集。

从嘉想，为何有时候，命运总是要给予人们他们并不需要的东西，而将他们真正想要的东西送到千里之外？这个座位，真的值得这么多人流淌这么多的血，挫骨扬灰都要占据吗？而他，一心只喜欢着文字的他，是不是真的能够承载起这个位置所带来的责任？

他并不是懵懂无知的孩童。早在少年时，从嘉就已明白福祸相生，他接受了皇位所带来的荣光，也必然要接受其中的职责。只是，他能够明白，却未必意味着能够圆满。如同他的父亲李璟，他也明白自己不过是柔弱的文人，只手天下、挥斥方遒不是他的所长。所以，他迷茫了，不知该何去何从。他像是一个被命运推着走、毫无头绪的孩子，走到哪里，就停留在哪里。

第四节
偏安一隅，抑或葬送

中主李璟在位的几年中，听信小人谗言，南征北讨，又屡屡失败，导致原本丰厚的国库乍然空虚，南唐的国力也直转而下，由一个中等的强国变成一个外强中干的国家。纵使是国力依旧雄厚时，南唐亦是强敌环伺，更何况此时国力空虚，原本就内忧外患的国家，显得更加千疮百孔。

这个国家永远失去了一统天下的资格。而就在南唐每况愈下之际，北方列强却纷纷崛起。塞北境内的辽朝兵强马壮、实力雄厚，而辽朝的太祖耶律德光一向对中原地区垂涎三尺。后晋国主石敬瑭为保太平而拱手相送的燕云十六州，以及每年巨额的供奉，非但没有满足耶律德光的胃口，反而挑起了他的更大野心。

南唐保大五年（947年），亦是石敬瑭死后五年，耶律德光出兵中原，南下攻城略地。辽军步步紧逼，瞬间控制了后晋，并且攻占了后晋都城汴梁，废除后晋末主石崇贵，将后晋皇室成员尽数软禁在辽国的建州，也就是如今的辽宁朝阳。不久，耶律德光登基为帝，仿效汉制接受文武百官的朝拜，宣布大赦天下。

耶律德光是一个杰出的军事家，却并不是一个合格的政治家。他不懂得民心的重要性，放纵辽朝官员四处横征暴敛，引得民众怨声载道。辽军过后的中原土地一片哀鸿，白骨遍野。这种野蛮的行径引起广大军民的不满，他们自发组织起来，反抗辽军，却因没有一个正式的组织而屡屡被镇压。此时，一些不愿意归顺辽朝的后晋官员逃离汴梁，前来投奔南唐，请求李璟出兵，赶走外族。

那的确是一个北伐的好时机。此时出兵将会是民心所向，辽朝又是被视为蛮夷的外族，所做所为更加不得民心。南唐李氏家族一贯自认为是血缘的正统，出兵是有理有据的行为，还能得到广大百姓的支持。一些目光长远的朝臣也发觉了北伐的可行性，他们上书李璟，同样恳请他出兵北伐。李璟也明白这是一个千载难逢的好机会，只是苦于有心无力——他的兵马已经在两次战争中折损了大半，如果前去北伐，就会将所剩的兵力也送进去。如果是胜利，那倒无话可说，可如果失败，祖宗基业就算是尽数葬在了自己的手中。他不敢冒这个险，也不愿承担此事带来的后果。如果不出兵，自己还可以偏安一隅，当一个太平皇帝，管好自己的国家。李璟再三思量之下，还是断然否决了这个建议。

这或许是上苍给予南唐的最后一次机会。若是那时，李璟选择了出兵北伐，或许南唐的命运就会随之扭转，从嘉或许也无须成为亡国之君。然而，他终究还是放弃了这次机会，就如同放弃了最后一次救赎。所以，尽管在不久之后，李璟在听闻耶律德光因病丧命，辽军也陆续撤回的消失后，即刻打算出兵北伐，但也无法挽救南唐的命运了。他任命忠武节度使李金全为北面行营招讨使，开始筹划这次北伐战争，后来依旧因财力、人力的缺乏而作罢。于此，一切都成为定局，历史的走向已经不可更改。

南唐的瞻前顾后，导致它失去了这次大好机会，也致使原后晋河东节度使刘知远趁机手握大权，接管了后晋，建立了后汉。而没过多久，后汉就被后周所取代。风水轮流转，这个后周，却成为南唐最大的隐患。这恐怕也是当年的李璟始料未及的。

机会就是这样稍纵即逝的。命运从来不会同情失败者，也不会永远垂青胜利者。所有的一切，都需要自己的努力、奋斗，以及所谓的天时、地利。李璟放弃了手中的机会，就等于放弃了自己的国家。南唐保大十二年（954 年），后周太祖郭威病逝，其养子柴荣继承帝位，成为后周的第二个皇帝，也就是历史上的周世宗。

在唐朝灭亡之后，直至宋朝建立，华夏历史上经历过很长一段时间的混乱期，也就是所谓的“五代十国”。五代是指后梁、后唐、后晋、后汉、后周五个朝代，而十国就是南唐等割据政权。郭威所建立的后周是五代中最后一个朝代，最后被黄袍加身的赵匡胤取而代之，他建立了宋朝，完成了那时大小政权霸主梦寐以求的事业。

柴荣原本是太祖郭威的内侄，后被收为养子，改名郭荣，继位后改回柴姓。郭威病逝时，柴荣正值壮年，正是意气风发、雄心勃勃的年纪，他不甘于只是做一个守成的太平君主，而是怀着统一天下的梦想，想开创一个属于自己的王朝。于是，柴荣开始养精蓄锐，怀着“十年开拓天下，十年养百姓，十年致太平”的雄心壮志。然而，当一切准备就绪之后，柴荣却迟疑了，他无法决定自己的雄图霸业究竟该从哪里理出头绪：是从南至北，还是从北至南？这是一个重大的战略问题，牵一发而动全身，他久久无法决断。

一日早朝之后，范质、王缚、李谷等心腹大臣被召见入内密谈。君臣相见，所谈的就是一统家国之事。柴荣所烦恼的是天下始终不曾太平，南唐、后蜀、契丹以及北汉等割据政权，这些政权都令他食不能安、夜不能寐。他下令几位大臣，以《为君难为为臣不易论》和《开边策》为题，为他的统一大业献计献策。

臣子们绞尽脑汁，上交了四十余篇文章。柴荣挑灯夜读之后，却觉得大多只是应付的平庸之作，隔靴搔痒的多，有真知灼见的却少，唯有枢密使王朴的一篇《平边策》令他茅塞顿开，恍然大悟。这篇文章首先指出唐末以来大小政权纷纷割据称王的缘由，接着论说要想统一天下，必须选贤任能、有赏有罚、恩威并重、轻徭薄赋，这样才能强兵富国。最重要的是，王朴还在文章中写明了他建议的战争策略——后周可以先出兵南唐，在江淮线上四处袭扰，致使南唐兵力分散。等到南唐精疲力尽之时，再举兵南下，南渡长江，直捣黄龙。南唐是南方各个政权的核心，如果后周可以率先攻破南唐，后蜀等国必然不攻自破。

这篇文章直令柴荣拍案叫绝，他当即召见王朴，密谈之下，只觉得此人目光长远，能够掌控大局，是不可多得的人才。不久，王朴被擢升为枢密使，得到柴荣的重用。随后，柴荣又召见群臣，制定了整个出战计划——先易后难，先南后北。

王朴此人是历史上的一个传奇，亦是最富传奇色彩的文臣之一。他能够运筹帷幄于千里之外，可以说，正是此人，帮着周世宗屡战屡胜。他的忠诚同样换来了柴荣的信赖，在他病逝之后，柴荣痛失良臣，悲恸之下将他的画像悬于功臣阁内，受万世千秋景仰。据说，宋太祖赵匡胤即位之后，无意间在功臣阁看到王朴的画像，都不由得肃然起敬。旁人询问为何，太祖只道是：倘若此人尚在人间，朕不得此御袍也。纵使是一朝开国皇帝，亦对他尊崇三分。后周能够得此良臣，相比之南唐的“五鬼”之臣，或许又是一种宿命。

当后周正在紧锣密鼓地策划着如何攻占南唐时，南唐上下却一无所知，依旧以为天下太平，人人安宁，仿佛这个国家永远不会遭到任何威胁和战火。这个国家的臣民和君主，都已经陷入过久的沉静里，在莺歌燕舞里陶醉、墨香烛影里抒怀，他们的斗志仿佛已被那些失败消磨殆尽，他们尚不知晓危险正在悄然滋长，他们的好梦很快就要被残忍地打破。

三千里繁华，数十年安定，即将成为泡影。而我始终不知，当年身为太子的李煜，对这些内忧外患，当真是一无所知？以他的聪颖天资，想必早已有所感知。他的心用在诗词上，成了文学史上的一座里程碑。若是他能够将他的才华用于政治上，或许南唐还拥有扭转乾坤的机会。然而，他一直沉默着，沉默着，遨游于词山墨海，品一抹红袖添香，弹一曲情深缘浅。他像一个固执到极致的孩童，独自守着内心的防线，惘然而惆怅，以为只要有强大的内心，就可以无惧人世的任何沧桑。

第三章 徒临悬崖送山河

第一节
江山飘摇两重天

有一句话叫暴风雨前的平静。诚然，海面上风平浪静，可是又有谁知道海底下的波涛汹涌。来势汹汹的暗流潜藏在最幽深的海底，望而不见，如同那些无声而来的危机。《少年派的奇幻漂流》里的少年，将目光投射进深海，他看到的是梦想、是人生、是未来，泛着光的大海是那样神奇壮丽，可是少年并未沉浸在美丽中无法自拔，他总是记得，身后有一只叫作理查德·帕克的印度虎，凶狠地注视着他。危机如影随形，有时也未必是坏事，然而明知枕畔顷刻会风雨交加，却宁愿一味地在柔暖繁华里耽搁下去，那就可以说是自取灭亡了，可笑，而且无知。

南唐大保十三年（955 年），亦是后周显德二年，周世宗柴荣下了一份诏书，实际上，这是一份宣战书。在其中，柴荣详细列举了攻打南唐的理由：攻打闽楚，致使生灵涂炭，勾结契丹，甚至接收叛国者。欲加之罪，何患无辞。这不过是柴荣想给自己的出战找一些冠冕堂皇的理由，而南唐不幸成为柴荣实现野心的第一步。

柴荣以宰相李谷为淮南道前军行营都部署，以忠武节度使王彦为行营副都部署，御驾出征，带着浩浩荡荡的大军，直抵南唐在北疆的门户城市寿州。南唐猝不及防，匆忙备战，封远翰林承旨殷崇义为吏部尚书，以神武统军刘彦贞为北面行营都部署，领兵前往寿州迎战。这场战役的后果可想而知，一方是有备而来、积蓄多时的锐部，一方则是匆匆组织起来的军队，领兵的殷崇义之前就任的还是文职，而另一员大将刘彦贞则为人好大喜功，又自视甚高。

虽然李璟在殷崇义出发之后，出于战略的考虑，迅速派人向辽朝皇帝耶律璟求救。他在信中建议辽国出兵南下，与南唐一起前后夹击，对付柴荣。然而，从南唐出发的使者上路不久后，就被后周派出的人马截获。这条路显然已经被斩断，李璟只好寄希望于契丹。未料，后周花重金收买刺客，行刺正出使南唐的契丹贵族，契丹国主得知消息之后，震怒之下，同南唐断了往来。

后周挑拨离间之策大获成功，一时间，曾经风光无限的南唐陷入孤立无援的境地。很快，后周大军兵临城下。

原先驻守寿州的将领刘仁瞻是一位智勇双全的老将，形势本来是有利于南唐的。然而，刘彦贞贪功轻敌，不顾刘仁瞻的劝阻，独自出城迎战，结果战死城下，尸骨无还，唐军大败。刘仁赡当机立断，严守城门，拒敌于外。柴荣唯恐久攻不下，很快根据形势改变战略，决定暂且绕过寿州，改攻历来是兵家必争之地的滁州。

滁州地势险要，临近淮水，四周环山，易守难攻，只有一条小径可通内外。对于南唐而言，这是一道天然屏障。这道屏障如果被攻破，那么京城金陵就岌岌可危了。柴荣命禁军统帅殿前都虞侯赵匡胤带兵攻城，而迎战的则是南唐名将皇甫晖。双方交战于滁州城外，自然又是一番血战。因为后周兵马不熟悉地形，第一次交战以后，周以失利告终。赵匡胤和皇甫晖两位名将初次交手之后，赵匡胤深知不是皇甫晖的对手，于是夜半亲自去拜访滁州城外足智多谋的先生赵普。

赵普此人，学富五车，详熟兵法。赵匡胤礼贤下士、谦逊谨慎的作风令他十分感动，于是他给赵匡胤想了一个好办法。后来，赵普成为北宋名相，被太祖赵匡胤赞为“半部《论语》治天下”。这位滁州城外的学士，正是从这次战役开始追随赵匡胤，同时也造就了自己辉煌的一生。赵匡胤听了赵普的良策之后茅塞顿开，当即返回军营，命令全军轻装简行，熄火行进，违令者斩。后周大军就这样无声无息地从滁州城外的小路进入清流关口。行军者，在于出其不意，攻其不备。后周军队犹如神降，唐军在瞠目结舌之际轰然大败。

初战告捷，后周大获全胜，甚至俘获了南唐名将皇甫晖，打得扬眉吐气。激情之下，赵匡胤决定乘胜追击，率兵东进，先后攻下了南唐的东都扬州，还有扬州附近的泰州。一时间，南唐连连失守，几乎是全线退败。沉浸在歌舞升平中的南唐国主李璟，终于发现了事态的严峻性，然而为时晚矣。

大势已去，南唐的江山已经风雨飘摇，再也不复当年的辉煌。而中主李璟也失去了高高在上的姿态，当年那个意气风发、立誓要一统天下的君王，已经模糊在江南的暖风和满目的金碧辉煌之间。他颓然倒在金色的龙椅上，提笔写下了屈辱的求和书：唐皇帝奉书大周皇帝，请息兵修好，愿以兄事帝，岁输货财以助军费。

作为一国之主，写下这样的文字，无异于求饶讨好。李璟深知，自己的国家再也无力同兵强马壮的后周抗衡。在连连战败的情况下，为了保住最后的荣华富贵和父亲用血汗打下的江山，也为了守护住最后渺小的太平，他放下帝王的尊严，抛弃前尘往事里形象光辉的自己，卑微地请求对方高抬贵手。

李璟的卑微，并未换来柴荣的丝毫同情。一心想要成为至高无上帝王的柴荣，他的野心里盛放不下任何怜悯，也没有任何事物能够阻挡他行进的脚步。当李璟以户部侍郎钟谟和工部侍郎李德明为使，带着黄金千两、白银万两，更兼无数绫罗绸缎前来求和时，柴荣不屑一顾，断然拒绝，他想要的何止是对方割地求和或是俯首称臣，他的野心远远超乎李璟的想象。

后周步步紧逼，南唐束手无策，无奈之下，李璟只好再一次派出使臣向后周乞和。这一次，李璟提升了使节的档次，改派右仆射孙晟和礼部尚书王崇质前往徐州，并携带上南唐愿意俯首称臣的国书。虽然柴荣依旧不将此事放在心上，但是李璟的国书却令他微微震撼。李璟在国书中表示自己愿意取消帝号，将寿州、濠州、四洲、楚州等六个州郡割让给后周，并且愿意每年供奉金银百万两，以此请求柴荣的怜悯，给南唐留有一息生存之地。这样近乎于屈辱的条件，可以说已经是李璟的极限了。

然而，此时的李璟已经无路可退。他像是被逼到悬崖之上，只要有一线生机，他都愿意放弃一切去尝试。李璟的一生实在是太顺遂了，父亲戎马而来的天下，他不费吹灰之力就继承了。而即位之后，他几乎又不曾遭遇过惊涛骇浪，除了在闽楚两地遭遇过失败之外，他依旧是那个高高在上、备受尊荣的南唐君王。而在柴荣眼中，这只不过是失败者无力的挣扎，这一战势如破竹，富饶的江南指日可待，他的梦想几乎已经向他展开了洁白的羽翼。

这次的失败太惨烈、太决绝，实力雄厚的后周直接将当年傲视群雄的南唐击溃成落荒而逃、只求苟延残喘的弱者。中主李璟已经来不及后悔，他只能将希望寄托在再次的谈判上。昔日荣华终成空，任何一个百年大族，都会遭受风雨的侵袭。而来自后周的这场暴风雨，让南唐往日的光辉一去不返，使李璟尝尽了屈辱和卑微的滋味，也让当年风华正茂的少年李煜明白了人生浮沉的痛。

金缕衣，玉雕栏。酒入愁肠，风雨残秋。原本就潜伏着众多危机的南唐，在柴荣的千军万马下岌岌可危。锦衣的少年，慢慢地露出浅淡笑意，一如迎接着自己必然的宿命。

第二节
铁蹄峥嵘仍不屈

三年耀武群雄服，一日回銮万国春。
南北通欢永无事，谢恩归去老陪臣。

——钟谟·《献周世宗》

钟谟，南唐名臣，曾为周世宗柴荣所软禁。而这首诗，则是写于柴荣放他归南唐之时。这位南唐的老臣，纵使在这个时刻，依旧惦记着“南北通欢永无事”。和平永远是百姓最平凡的祈愿，然而在当时，几乎谁都知道，暂时的和平不过是为了日后的战争。

交战双方经过万分艰难的谈判之后，柴荣终于松口，答应放李德明和王崇质回南唐复命，但要求李璟即刻写下将江北之地尽数拱手相让的国书，至于钟谟和孙晟，则被扣押为人质。李德明等人归国不久，就为谗言陷害，被李璟下令斩首示众。好不容易达成的求和也被付之东流。柴荣旋即下令后周兵马继续攻城，自己则返回京都主持朝政，南唐臣子钟谟和孙晟，亦被带回后周软禁起来。

而这厢，求和不成的李璟，命齐王李景达为诸道兵马元帅，以陈觉为监军使，领军增援寿州。这不啻于一场困兽之斗，可见人被逼入绝境时，反而会产生难以想象的勇气。就是这样一支困顿之军，为了家国殊死抵抗，谁都知道，他们没有退路，在生死和亡国之间，他们宁愿将生命作为筹码，也不愿成为亡国奴。在军臣一心御敌的情况下，形势终于有所好转。与此同时，被后周占领的淮南地区也出现一些自发组织的义军，同唐军一起抵御外敌。在接连获胜之后，后周军队开始轻狂自大，对沦陷区的百姓也没有采取收买招抚政策，反而军纪松弛，奸淫掳掠，致使民心向背。

军民通力合作，唐军先后收复了被后周占领的失地，就在此时，陷入孤立境地的寿州却发生了一件难以逆转之事。由于久久孤立无援，寿州爆发了大面积的饥荒，而城外的敌军又坚守不去，城内士气低落，加之守将刘仁瞻病重不起，刘仁瞻幼子刘崇谏抵不过内心的挣扎，趁乱想要夜逃出城，却被值夜的守军抓获，被父亲刘仁瞻大义灭亲处死。虽然寿州尚未沦陷，整座城市却已陷入一片低迷之中，仿佛大势已去。

未久，寿州监军使周延构趁刘仁瞻病起沉疴，打开城门，向后周军队投降。那是南唐保大十五年（957 年），柴荣再度亲征淮南，显然，这次柴荣是有备而来的。他带来了训练有素的水军，专门对付南唐精锐且经验丰富的水军。这次战争，由柴荣亲自上阵指挥，极大地鼓舞了后周军队的士气，双方在闽河入淮水处交战，硝烟烈烈，战士的鲜血染红了了冰冷的河水。就在这个至关重要的时刻，却传来寿州举城投降后周的消息，唐军顿时士气衰竭。柴荣乘胜追击，仅在一年的时间里，后周就占据了南唐江北的绝大多数土地。

后周节节胜利，而南唐节节败退。面对强大且雄心勃勃的后周，南唐显然根本无法与之抗衡。江北告急的消息被火速传回金陵，李璟颓然长叹，他已经看到所有的去路都被凶残地斩断，这片曾属于自己的国土即将改弦易张，换上别人的旗号，而曾经属于自己的臣民也即将对别人俯首称臣，或许，这其中还有自己。痛楚之下，李璟当机立断，派出兵部侍郎陈觉渡江求和，愿意同后周划江而治，以淮水为分界，将江北的南唐领土拱手相让给后周，并且南唐将会每年向后周进贡大量财物。

柴荣接到降表之后，经过一番深思熟虑，答应了李璟的乞求。经过多年的戎马生涯，他已经明白，战争并不像自己想象的那么容易，自己曾以为可以一鼓作气攻下南唐，事实上却一波三折。或许，自己还需要时间来壮大实力，而后周此时的财力物力也不足以支撑自己一统天下，或许，也是因为南唐气数未尽。他亲自致书李璟，表示自己同意他的恳请，愿意与南唐划江而治，同时罢兵归国。柴荣还释放了被软禁在后周的南唐重臣钟谟和孙晟，赏金赐还。钟谟在归途中感慨万千，于是写下前面所述的那首《献周世宗》。

收到柴荣退兵的消息，李璟顿时如释重负。几许寒暑，他还未曾像此时一样焦头烂额、分身乏术。他原以为这片国土必然沦陷，没想到自己还能够保住祖上的半壁江山。出于某种微妙的感激，李璟上书后周，主动承认南唐之于后周的附属地位，并且下令撤去帝号，废除一切天子才能享受的礼节，将自己改称为“唐国主”。同时，南唐大保国号也被停用，改用后周国号“显德”。

从此，南唐正式失去了自己的独立地位，成为后周的附属国。而曾经的南唐君主李璟，也因为名字中的“璟”字同柴荣高祖郭璟相同，因而改成“景”字。不得不说，这是可悲和屈辱的。

或许，在李璟心中，痛苦的同时也伴着庆幸，自己终究不用再成为亡国之君，日后黄泉之下与父亲相见，纵使无言以对，也胜过以亡国之君的身份去面对。偏安一隅的代价是惨重的，虽然此后后周同南唐再也没有发生过战争，但是曾经拥有大片国土的南唐只剩下了江南二十余个州郡。作为国主的李璟，却默然接受这种耻辱，安静地走向死亡，而不是化屈辱为动力，立志东山再起。

与之相反的是，柴荣在班师回朝之后，又马不停蹄地开始了他的征程。这一次，他向着北方，踏出了他的铁蹄。显德六年（960年）三月，江南春花正好，北方却迎来大规模的血战。柴荣领军北上，向契丹边境汹汹而行。后周军队一路势如破竹，先后攻下了契丹三关，未久又占领了莫州、瀛洲、宁州等地。在此之后，柴荣还欲挥师北上，一鼓作气统一北方。没想到，他壮志未遂，上苍却收回了他年轻的生命。

显德六年（959年）六月，突发重病的柴荣终于在文武大臣的苦劝之下，放弃了他的战争计划，暂且返回京师汴梁养病，来日再徐徐图之。当他离开北境之时，他未曾想过，自己竟然会永远无法回到前线，而自己光辉伟大的梦想，终将成为一个美好的剪影，随着时日被历史模糊虚化。那一切，都是当时的柴荣无法想到的。只是一代英雄也抵不过宿命的安排，正如乌江之畔，项羽必然要输给刘邦。六月中旬，周世宗柴荣抛下未竟的事业，撒手而去。他一定十分怨恨命运的安排。

他丢下的除了他的梦想，还有他的寡妻幼子。这场病来得沉重而且仓促，他只来得及匆匆立下遗诏，立年仅七岁的幼子柴宗训为继承人，并嘱咐范质、王缚、赵匡胤等心腹重臣用心辅佐幼主，便阖然长逝。他临终时，只以为自己的梦想虽然没有完成，可到底还有亲生骨肉在，还有一帮忠心耿耿的臣子在，他们会辅佐幼主完成他的遗愿。这位早逝的帝王并没有怀疑心腹们的忠诚，只是他不知道，有时候忠诚也抵不过人的欲望。

次年新春，新年新气象。这句讨人欢喜的场面话，却成为后周的末曲。后周孤儿寡妇软弱可欺，一向雄心勃勃的赵匡胤趁机发动政变，上演了一出“黄袍加身”的好剧，史称“陈桥驿兵变”。此后，赵匡胤逼迫幼弟柴宗训禅位于他。正月，赵匡胤正式黄袍加身，即位称帝，定国号为“宋”，史称“北宋”。

后周发生了天翻地覆的变化，它就这样无声无息、兵不血刃地消失在了历史之中。可是这一切，对于南唐来说都没有任何变化，唯一改变的是它俯首称臣的国家改成了大宋，曾经的君主柴氏则换成了赵匡胤。纵使命运对南唐尚存一丝仁慈，可这样变本加厉的软弱，也终究无法阻止它走向亡国的步伐。

第三节
三千繁华终散尽

“一切有为法，如梦幻泡影，如露亦如电，应作如是观。”每每看到这行文字，心中总是莫名感慨，凡尘中的种种，原来不过是梦幻泡影，所有爱恨嗔痴，最后都会化为烟尘，消失于天地。

人在宇宙中就如同渺小蜉蝣，仿佛命运轻触流离就能碾为粉末。可一个人的情感却可以那样强烈，即使隔着遥远的时空，我们依然可以感受到其中的爱与恨。

我想，那个被命运无端推上帝位的少年，心中除了茫然不知所措之外，是否还曾有过几缕连自己也不曾发觉的恨意？因为正是这样的命运，令他成为亡国之君，令他走向无可挽回的结局。他的寂寞，他的悲伤，他的怆然离合，或许在最初皆源于这样一种啼笑皆非的命运安排。

野心勃勃的赵匡胤登上大宝之后，为了天下太平，笼络周边属国。他派去专使，释放了南唐三十余名战俘，以示友好。李璟决定投桃报李，派遣使臣携重礼恭贺，同时依旧承认南唐之于大宋的属国地位。同年七月，原扬州城节度使李重发动叛乱，赵匡胤亲自领兵镇压。平叛结束后，李璟竟然设宴为赵匡胤庆功，并以重金犒赏北宋三军。这无异于开门揖盗，使得赵匡胤更加不将南唐放在眼中。次年二月，李璟决定迁都，原京师金陵距离淮水太近，宋朝随时可以挥军南下，覆灭整个南唐。为此，他决定放弃金陵，将都城迁往洪州。在离开金陵之前，李璟将当时还是吴王的李煜立为太子，命他在金陵监国，自己则带领文武百官走水路迁往洪州。

从金陵到洪州，一路烟水山岚，满目青翠，全是好山好水。然而，那些美丽的山川河流都已不再属于自己，李璟不由得颓然伤怀，想起当初踌躇满志、一心要圆老父夙愿的自己，又想起此时孑然一身的悲凉，只觉得惆怅不已。有时候，被逼到绝境的人，会爆发出难以想象的勇气，从而反戈一击，东山再起。可这种情况并不适用于每一个人，有时候，一些人却会被绝望倾覆，直至走到穷途末路。显然，李璟是属于后者。

他很快将这种愁苦消却于纸醉金迷的灿烂，迷离一颗伤怀的心，以莺歌夜舞的繁华填补失去江山的痛苦。时年，皖公山有名士史虚白冒险向李璟进言，只道是如今的南唐一如“风雨揭却屋，浑家醉不知”，希望以此能够一语惊醒梦中人，换来李璟的奋发向上。他以为，越王勾践有过比如今的南唐更屈辱的时刻，却忍辱负重多年，最终扬眉吐气，成为一方霸主。南唐虽然伤了元气，可依旧富饶丰厚、民心安定，未尝没有翻身的一日。

可心怀家国的谋士，却不知道他说的这些事情、这些建议、这些希望，李璟都明白，他只是选择了将心放逐在三千繁华里，选择了忽略那些殷切的希望以及过往的梦想。那些谏言，他无一不是以一副认真的面孔聆听，听完了也不以为怒，反而赏赐众人财帛。只是他不会清醒，他决定继续沉溺，直至死亡的那一刻。

这是李璟自己选择的人生，但因为他所在的位置，却决定了众多人的人生。这其中，也包括他所宠爱的六子李煜。

到了洪州之后，李璟下令建造宫殿，工部官员开始大兴土木，在洪州选址营造殿宇。这场苍白背后的盛世，多年后依旧有人记得当时的风光。直至明朝，还有人撰诗说：长衢通辇路，宛马竞纷纭。帝子凌风去，銮声尽日闻。杂花迎队去，御柳看行分。千载宸游地，临歧惜别君。然而，这样的盛景并没有让李璟满足，他依旧记得金陵城内，碧落深宫的穷极奢华，他开始不满洪州宫殿的“狭小”和“简陋”。而洪州到底比不上金陵的繁华，日常出行，总是多有不便，李璟思念之情日益增加。

思念金陵的并不止李璟一人，还有众多家在金陵的文武百官。他们纷纷上书，请求李璟将都城迁回金陵。当初极力建议迁都的大臣唐镐在舆论中忧惧而死，李璟也开始考虑迁回金陵的可行性。然而，还没等到作出决定，这位懦弱优柔了一生的君王就郁郁寡欢地病逝在洪州城。李璟的一生，终于在距离金陵万里山水的地方画上了句号。连他自己也不曾想到，他的生，是那样柔弱怯懦，他的死，亦是这样的无声无息。

灵蹉思浩渺，老鹤忆空同。李璟的诗，也多是这样的萧条冷落，如同南唐的千里江山，仅剩残山旧水。然而，此时的李璟终于得以解脱，他以他的死换来了永恒的安宁，这位优柔寡断的君王终于不必强求自己背负着黄金枷锁，勉力坐在王座上，处处忍辱求全。他将所有的责任和耻辱、痛苦和残酷都留给了太子李煜。

建隆二年（961 年），李煜从他的父亲手中接过了南唐微弱的权柄，在风雨之中登上了那个荆棘遍布的黄金宝座。那年，他只有二十五岁。这位年轻的君王像他的父亲一样，温柔而顺从，对于政治上弄权之事全无概念，一心留恋琴棋书画，艺术造诣极高。后世总是对他在政治上的无能颇有微词，可是他们也浑然忘记了，这个一心只有诗词的年轻人并不是自己主动求来王位的，相反，他是被宿命戏弄，身不由己地坐上这个位置的。如果非要说是谁的错，那李煜没有错，错的是可笑的宿命。

他也有不像父亲的地方。李璟还曾有过统一天下的雄心壮志，只是这个梦无声地消失在种种挫折与失败里。李煜却从未有过这样的梦，或许这对于他来说，更像是一个奢侈的存在。作为一个仰仗强国一念之间而生存的属国国主，他哪里有勇气去奢望一个永远都不可能会实现的梦。他无心天下，却并不代表心怀天下的人愿意让他做一个太平君主。在赵匡胤心中，南唐迟早会属于大宋，而李煜，不过是一个任人鱼肉的懦弱者。

强者能够得到强者的敬重，弱者却无法得到强者的同情。这个南唐文弱的君王，在即位之初就被赵匡胤定义为“弱者”。新皇即位，南唐举行了盛大的登基典礼，文武朝拜，天下大赦。按照礼仪安排，礼部在宫门前立起一只金鸡，以绛绳系住，口中衔七尺绛幡。这原本只是一个微小的细节，却为赵匡胤所知。赵匡胤大怒，即刻传召南唐进奏使陆昭符，质问他一个属国国主，为何登基大典上所用的竟然是天子才能用的金鸡。

一场战争似乎顷刻而来，所幸陆昭符能言善辩，见机行事，将金鸡说成“怪鸟”，这才令赵匡胤转怒为喜，令一场弥天大祸消弭于无形。虽然赵匡胤怒气已消，可消息传回国内，李煜到底寝食难安，于是亲自提笔给赵匡胤写了一封《即位上宋太祖表》。书中言辞恳切，恭敬而谦卑，一如寄人篱下而毫无自尊的仆童，处处谨小慎微，不敢越雷池一步。

通过此事，城府极深的赵匡胤一眼就看出这位年轻的南唐国主亦是一个柔弱谨慎的上位者。于是，李煜的恭敬非但没有令赵匡胤见好就收，反而导致对方步步紧逼，贪得无厌。仗着国力雄厚，赵匡胤对南唐强取豪夺，落井下石。李煜深知北宋是乘人之危，然而国道衰微，终究只能忍气吞声。

当整个国家的存亡都不过在他人的一念之间时，纵使是血性男儿，也只能暂且作罢，更何况是个心性慈柔的文人，在他成长的世界里，最大的灾难不过是长兄的阴谋暗算，这甚至没有给他带来实质性的灾难。只懂得吟风弄月的文人却成为一国之君，可以想象，这是李煜的悲哀，亦是南唐的悲哀。

心如明镜又如何，残忍的是，通透一切，却发觉自己无能为力。李璟在这样的矛盾之中走向了死亡，他的儿子也终将在如此可笑的命运中重蹈覆辙，将一颗心沉浸于温软红尘，忘却俗世纷扰，在风雨飘摇的国度固守一人的渺小世界，成为诗词中独一无二的帝王，亦成为国事上可恨可怜的亡国之君。

第四节
家国残破今犹在

无言独上西楼，月如钩。寂寞梧桐深院锁清秋。

剪不断，理还乱，是离愁。别是一般滋味在心头。

——李煜·《乌夜啼》

李煜的很多诗词都十分脍炙人口，如《虞美人》《相见欢》，就连小小孩童都能出口吟诵。可那些天真无忧的孩子在背着“问君能有几多愁，恰似一江春水向东流”和“别是一般滋味在心头”时，又哪里能够明白李煜当年落笔时的凄凉怆然。万千愁绪化作笔墨烟云，也不过留下这么几行文字，可下笔时，一定犹如千钧重。而此刻，低声轻吟，亦觉得苍凉。

历史上最悲哀的文人莫过于李煜。在他的面前，怀才不遇的愤懑、仕途坎坷的惶然、国破家亡的伤感都变得苍白。还有什么悲哀能够比得上从一国之君沦为连生死都不由自己掌控的阶下囚。

亡国之后的李煜被软禁在汴梁，每每宋王有欢宴，就召来李煜，令他写一首赞颂的词歌颂太平，也歌颂帝王的大恩大德，他俨然成为赵氏的御用文人。其实他写或不写，都是二话，更重要的是他以一个亡国君主的身份出现在这样的场合，只需如此，就足够让席上的帝王沾沾自喜。这是胜利者的骄傲，亦是失败者的耻辱。

可即位伊始的李煜，并不能预知自己日后的悲惨结局。那时的他，虽然卑微，却依旧是一国之主，在自己的国家，也算得上是万人之上。他在即位之后，碰到的第一个棘手难题是父亲谥号一事。按照惯例，生前成为过帝王的人，死后追封谥号和落葬都应按照帝王的规制。然而，李璟生前就已经主动向后周削去了自己的帝号，要是李煜想要恢复李璟的帝号，也必须向北宋请旨追封。

如果在一个独立的国家，这根本不会成为一个难题，只需由礼部拟定谥号，再由李煜下旨追封即可。然而，当时的南唐已经是北宋的附属国，李煜只能屈辱地上书赵匡胤，请求他恢复父亲的帝号。这在赵匡胤眼中，不过是一件无可无不可的事情，他念在李璟生前安分守己的份上，追封李璟为“明道崇德文宣孝皇帝”，庙号“元宗”，陵号“顺陵”。

李煜松了口气，开始着手为李璟修筑陵寝。虽然李璟生前留下遗诏，让李煜节俭行事，李煜却不愿老父冷清落葬，因此大肆修筑陵墓。李璟的“顺陵”修筑在李昪“钦陵”的西侧。据记载，这座豪华的陵墓长二十余米，宽十余米。李煜已经极尽国力来修筑“顺陵”，然而由于南唐的国力已经大不如前，跟实力雄厚时修筑的“钦陵”相比，无论是规格还是质量上，“顺陵”都逊色许多。

在李璟落葬之时，赵匡胤为了笼络南唐，派一个末流官员带来三千匹绢衣以示安慰。而在赵匡胤的母亲昭宪皇太后落葬时，李煜却派遣户部侍郎等人携带厚礼前往汴梁。不论是从官员品级，还是资费上来说，都显示出南唐的卑微地位。地位的卑微，李煜心知肚明，可为了苟延残喘，他只能屡屡上贡巨额财物来换取一息尚存。有资料显示，仅仅是建隆三年（962 年），南唐就向北宋进贡了三次，仅六月那次，就有绫罗绸缎万余匹，银一万两，金二千两。

本来就已空虚的国库，哪里经得起这样的亏空。李昪留下的富饶江山，在李璟和李煜的手中已经入不敷出。为了填补巨额亏空，李煜只能巧立名目，增加税收，同时以铁换铜，弥补国库。拆东墙补西墙的做法只能度过一时，却不是长久之计，久而久之，就会成为一个恶性循环，何况，赵匡胤的野心又岂是丰厚的财帛就可以填满的？

赵匡胤所梦寐以求的并不是金银财宝，而是江南一带富饶广袤的土地。他曾经公开说过：凡克城寨，止籍其器甲，刍粮，悉以财币分给将士。吾欲所得者，其土地耳。李煜的谦恭卑微、步步退让，根本无法满足赵匡胤的野心，经过多日的商议，他决定先南后北，先取北汉，然后一步步统一全国。

天下合久必分，分久必合。历史总是有其规律的，东汉之后三国鼎立，之后司马家族完成了统一大业，魏晋南北朝后隋朝又统一了天下。而这次，历史选择了由北宋来完成这个“合”。建隆三年（963 年），赵匡胤开始了他的大业，浩浩荡荡的统一战争就此拉开了帷幕。他第一步选取了力量弱小的荆南。虽然荆南只有三个州的辖地，却处在南唐和后蜀两个大国之间，地理位置十分重要。乾德元年（963 年），赵匡胤率军一举攻克了荆南，斩断了南唐和后蜀之间的联系，并以此作为渠道，将势力渗入了江南一带。

第二个目标就是荆南附近的后蜀。当时的后蜀是一个财力雄厚却在政治上极端昏庸的国家，赵匡胤选择后蜀作为第二个目标，是综合了多方面考虑的。乾德二年（964 年），赵匡胤的探子截获了后蜀联络北汉一起对付北宋的文书，赵匡胤因此找到了借口，即刻召集兵马出师后蜀。远忠武军节度使王全斌被封为西州行营前军兵马都部署，武信军节度使崔彦进从旁协助，两人率领三万大军沿着蜀道南下，短短月余就攻克了无数城池，其中包括利州、绵州等后蜀军事重地。

接着，大军直抵后蜀都城成都府，赵匡胤又派江宁节度使刘光义沿长江南下，从后方包围成都，后蜀国主孟昶迫于无奈，命宰相李昊撰写降表，举国投降于赵匡胤。不过两个月的时间，后蜀就不复存在。

后蜀灭亡之后，赵匡胤在接下来该如何行动这个问题上很是费神地思考了一番。经过多日的密谋商讨，他依旧在南唐、吴越、南汉等国之间举棋不定。就在这时候，因为南汉的自不量力，这个问题迎刃而解。开宝三年（970年），南汉末帝刘鋹派兵进犯已经变成北宋辖地的道州，这刚好给了赵匡胤一个正大光明的出兵借口。在赵匡胤接到道州刺史王继勋的加急信件之后，北宋随即决定出兵征战。

临行之前，赵匡胤考虑到北宋与南汉之间路途遥远，战线若拉得过长，对自己到底是有害无利。于是在群臣商议下，赵匡胤决定“先礼后兵”，令李煜致信刘鋹，要刘鋹给这次的出兵作乱一个说法，同时归还当年刘鋹的父亲刘晟抢走的原楚国桂州、郴州、贺州等地。接到赵匡胤的命令之后，李煜感到十分为难，他虽然醉心于文学，却也明白，如今赵匡胤雄心勃勃、蠢蠢欲动，迟早要将天下尽数收入囊中，随着荆南、后蜀等国的接连沦陷，南唐、南汉已经是唇齿相依、唇亡齿寒的关系，如果南汉亡国，赵匡胤的铁蹄或许顷刻之间就会覆盖南唐全境。

可若是不写，说不定自己就会沦为北宋的下一个阶下囚。李煜思索了许久，终于决定采取“先公后私”的政策，先按照赵匡胤的要求写了一封国书给刘鋹，希望他能够按照赵匡胤的要求去做，化干戈为玉帛。

然而，刘鋹却未将这封出于善意的劝谏放在心上。南汉末帝刘鋹是一个昏庸暴虐的君王，他行事放肆、荒淫无度，整日在后宫之中专宠一位叫作“媚珠”的后妃，导致朝政落在宦官手中。整个南汉，举国上下怨声沸腾。刘鋹倒行逆施，纵使赵匡胤不出征，它也迟早会自取灭亡。李煜深知这个道理，然而南唐、南汉终究是唇齿相依的关系，他不忍心看着刘鋹一步一步走向灭亡。

于是，私底下，李煜又命江南才子潘佑修书一份，苦苦劝说刘鋹小不忍则乱大谋，暂且向赵匡胤俯首称臣，而今日的隐忍和耻辱，不过是为了留得青山在，以待来日东山再起。没想到，刘鋹收到来信之后却十分震怒，直言李煜厚颜无耻、为虎作伥。刘鋹扣留了来使，并修书南唐，决意与之绝交。

李煜仁至义尽，无奈之下，只好将几封书信都上交给赵匡胤。赵匡胤见信之后，顿时勃然大怒，当即命潘美为桂州道行营都部署，出征南汉。宋军两路夹击，接连攻下了桂州、昭州、连州等地。次年二月，南汉宣告灭亡。这个山川秀美、民风淳朴的国家，终于也成为历史。

对此，李煜黯然神伤。狡兔死，走狗烹。他想，随着这些国家一个个灭亡，下一个或许就是他的南唐了吧。兔死狐悲，这位手无缚鸡之力的君主，夜里辗转难眠，没有人知道他心中的惶恐。他是那样害怕片刻之后就会有人匆忙而来，告诉他宋军已经压境。历史总是在不断变化，他已经无比准确地预测到，赵匡胤将会是天命所归、成就霸业的那个王者。他心惊肉跳地等待着那一天的来临，阴影挥之不去，笼罩着这个残破的国家。

第四章

一生一世一双人

第一节
琴瑟和谐，莫不静好

都说缘分是前生注定的今生。有时长，有时短，有时深，有时浅，奈何长短深浅，都是茫茫人海中刻骨铭心的相遇。或许前世擦肩而过的瞬间，他是暮竹，你为清雪；他是山溪，你是游鱼；他是荡气回肠的一首歌，你是千回百转的一个梦。悲欢离合，一生一世，于是订下来生盟约，好比三生怪石与还泪的仙草。

李煜注定的姻缘，在南唐保大十二年（954年）的某个时节，如同昙花般缓缓绽放。或许，那是一个春光璀璨的时节，一天，游人如织，繁华的金陵城里张灯结彩，衣角的香风吹过环城的水，沾衣的是一片粼粼的春光。坐在白马上的李煜，锦衣华服，容颜如白莲般静美，此时的他像是上苍的宠儿，半生顺遂，因而温柔地骄傲着。温暖的风，淡淡地掀起他布满锦绣的衣角。

他穿梭在无数欢悦的鼓乐声里，没人知道他隐藏在风光背后的忐忑，流水一样流淌而过的行人只知道，这桩盛事的男主角是南唐君王的第六子李煜，女主角则是宰相周宗的长女娥皇。

这是一桩人人都乐见其成的婚事，皇家和臣子的联姻，都是综合了多方面思考的。李璟为李煜选择妻子，更多是看中她背后千丝万缕的关系。作为李煜的妻子，她未来不仅是一个家庭的女主人，更是华丽高贵的一国之母。

所以，此时的少年所忐忑的皆源于未知，他不知道自己的妻子会是怎样一个人。十八岁的少年，并不像他表面显示的那样淡然。未来相伴自己一生的那个人，究竟会是谁呢？夜半梦回，红烛泪深时，他也曾暗暗想过，那个她会不会刁蛮任性，被骄纵宠爱着长大，却只要一笑，就有了让人原谅的理由；又会不会对他喜欢的琴棋书画全都没有兴趣，只是一个木头美人。那个她，是活泼娇俏、温柔贤惠，还是木讷呆板、不解风情？

当父皇说要给自己赐婚时，他只是摆出一副淡然面孔，表示怎样都无所谓。那是因为他知道，作为未来的国主，他的婚事不可能由自己做主。两情相悦，一生一世一双人，他不是不渴望这样的婚姻，水乳交融，比翼双飞，携手走向白头。只是他并没有这样的权利。他不是生于升斗小民之家，在婚姻大事上没有说话的余地。尽管他不愿，可他肩负着南唐的未来，他知道自己无法任性。这是由他的地位、身份所决定。

那时的少年，春风里暗自黯然，花容里独自伤怀，他又怎么知道，宿命之于他，是那样的残忍，又是那样的仁慈。他也不知道，他将会拥有一段如意的爱情，就像他所看到过的故事一样，琴瑟和谐，举案齐眉。

十八岁，对于我们来说，还是风华正茂的年纪，人生从这里刚刚开始，正式面向人世的嶙峋峥嵘和温柔暖意。纵使是在古时，距离弱冠之礼也还有两年，算不上是真正的成人，然而在帝王之家，却是需要开宗立府、履行传宗接代责任的时候了。那年，李璟为自己的继承人挑选了南唐名臣周宗的长女娥皇作为妻子。周宗历经三朝，官至宰相，从南唐开创者李昪开始，就尽心辅佐李氏皇族，深得几代国主尤其是李璟的器重。周宗为南唐的建立和稳定立下过汗马功劳，直至晚年功成身退，一直在故乡扬州致仕赋闲。

周宗是一代名臣，教养出的孩子亦知书达理、秀外慧中。窈窕淑女，君子好逑，李煜未来的妻子娥皇待字闺中时，求亲的人家便络绎不绝。还没等周宗为女儿择定人家，宫中却传来了圣上欲与他结为儿女亲家的旨意。于是，一切都顺理成章，仿佛这段姻缘原本就已注定。

可以说，在婚姻上，李煜是幸运的，更是幸福的。他没有重蹈前人的悲剧，在爱恨纠缠中了断一生的情。他生于荣华，对于婚姻的不幸，亦是感同身受。他见过太多太多媒妁婚姻的残酷。因为盲婚哑嫁，许多人在婚后发现性格爱好无法协调，没有爱情的基础，所有的缺陷都无法容忍，两人渐行渐远，形同陌路。男子还可以在纷繁红尘中寻觅自己的温暖，或者放浪不羁，前往烟花柳巷中眠花宿柳，那里自有解语花善解人意。女子则只能独守空闺，一夜夜人静秋深，心亦是一夜比一夜凉，听着雨声滴落，东方恍然又是一白。

因为见过太多不幸，所以李煜格外不安，心中始终沉如坠石，这块石头直到洞房花烛夜才得以落下。红烛莹莹，香罗帐上鸾凤和鸣，窗外有人撒着落花生唱着百年好合。一身喜服的年轻皇子忽然微微颤抖了手指，一连试了几次，才掀开那块绣满喜庆的红盖头。

红色的烛影里，璀璨凤冠下，他的双眸中映出一张娇羞美好的容颜，如同梨花，缓缓开放在他的心底深处，瞬间就是千树百树。相爱，不用语言描绘，不需把酒言欢，那是一种前生就注定的缘分。李煜终于明白，翻过千万章爱的文书，不如亲身步入情的温床。他在温暖迷离的空气里恍惚想起一句话：琴瑟和谐，莫不静好。他此刻只是迫切地希望此年静好，直至永久。

不只是李煜，喜床上含羞微笑的娥皇亦是发觉了缘分的妙不可言。如同早已梦中熟稔，她几乎瞬间就认定了眼前这个温柔、俊秀、清澈的少年。闺中寂寞，她很早就听闻皇六子从嘉风神俊秀、才华横溢。她原本以为那都是锦上添花的溢美之词，帝王之家，最多的就是赞美。不以为然时，她也曾翻过少年早年的文墨，看完才肯承认他果然文采出众，或许，在那一刻，她就已暗自倾心。得知自己被许配给这位六皇子之后，她羞涩得不知该说什么，心中却暗自欢喜，千回百转里，却只忧心，他是否当真文如其人。

直至此时，才知道此前所有的担忧都是瞬息消散的烟火。她今年十九岁，这样的年龄在当时来说，已经算是极晚了。不是没有过温润如玉的公子前来求亲，可自己却坚持不要。她在等一段缘分，一段值得动心和飞蛾扑火的缘分，哪怕等到沧海变桑田。所幸的是，她终究还是等到了他。

一直以为，细水长流的爱情，温暖而且牢固，从点点滴滴中积累的温情，如磐石般无转移。一见倾心的爱情如电光火石，只在一瞬就认定了彼此。人世间，不难见细水长流的爱，却难见一见倾心的情。前生，要多少次回眸，才能在今生，无须时光的累积，就能确定真心，确定彼此就是今生的另一半。所以，不得不说，从嘉是幸运的。

他们都没有让彼此失望。在婚后的进一步了解中，他们都确认了一点，世界上再也没有比彼此更加合拍的人。李煜精通诗词，善于书画，对于音律亦是造诣颇深，京城中的贵女能够做到这三点的寥寥无几，而娥皇却知书达理、能歌善舞，更是弹得一手好琵琶。相同的喜好令他们心有灵犀，一个眼眸流转，就知道对方心中的所思所想。李煜所渴求的琴瑟和谐当真如愿以偿。他是由衷地欢喜，真诚且庆幸。

情人眼里出西施。娥皇本来就生得极美，在有情人从嘉眼中，更是宛如九天仙女下凡尘。据说，这个温柔大方的女子生得明眸皓齿、冰肌玉肤，不论是淡妆还是浓抹，总是格外相宜。李煜曾在婚后为妻子写过一首叫作《长相思》的词：

> **云一緺，玉一梭，澹澹衫儿薄薄罗，轻颦双黛螺。**
>
> **秋风多，雨相和，帘外芭蕉三两窠，夜长人奈何！**
>
> ——李煜·《长相思》

这首词盛赞的是娥皇的美貌，在他的笔下，她化作仙女一样美人儿，轻盈，灵动，如云如玉，风仪清秀，宛如洛神。如此盛誉能够化作妻子唇边的一抹轻灵笑意，如是，李煜就觉得足够了。秋风落叶，簌簌而过，南唐又到了多雨的时节，碧帘外的芭蕉，夏日里看上去清凉舒心，此时却显出一片清寒。南唐，已经如风飘摇。

沉浸在新婚旖旎里的李煜，却浑然忘记了自己还是一个皇子，未来更是一国之君。他淡忘了自己肩上的责任，也淡忘了南唐如今进退两难的处境。若是在盛世，他自然能够当一个富贵闲人，徜徉在爱情的海洋里自得其乐，任谁也不会多言一句。或许当时的上位者更加待见的就是这样胸无大志的王爷。然而，李煜却是南唐的继承人，此时的南唐已经是一片蘼芜。此时沉溺在儿女情长中的皇子，眼里眉间只有一个冰清玉洁的身影，他的心里已经容不下其他纷杂的事务，也容不下周遭的万紫千红。这样的爱，在乱世的硝烟里是那样的奢侈，却也是那样的珍贵。

第二节
晓风残月今昔别

寒蝉凄切。对长亭晚，骤雨初歇。都门帐饮无绪，留恋处，兰舟催发。执手相看泪眼，竟无语凝噎。念去去，千里烟波，暮霭沉沉楚天阔。

多情自古伤离别，更那堪，冷落清秋节！今宵酒醒何处？杨柳岸，晓风残月。此去经年，应是良辰好景虚设。便纵有千种风情，更与何人说？

——柳永·《雨霖铃》

雨霖铃，就这样三个字，听上去就觉得无限缠绵悱恻。清秋残雨，屋檐铜铃，间或飞过南归的燕，一声声，一字字，唱尽古往今来离人愁。据说，这原本是唐玄宗所作的曲子，这位同样精通音律的帝王，入蜀后听到杜鹃泣血的哀鸣，不由得回忆起那位因天下和权欲而香消玉殒的妃子，因为深爱、愧疚、思念，于悲伤里写下这支哀伤的曲。

这首曲子后来被白衣卿相柳永填成了词，开章就是凄切，落笔未免惆怅。却不知，悲伤的是那段因欲望而牺牲的情，还是千千万万离人的深恨。柳永是知情解情的，亦是懂情的。他明白，人世间最可贵的不是人人渴求的富贵荣华，亦不是青山浮云外的永恒时光，而是一颗真心、一段真情。世间最难求的，不外乎如是。

忙碌红尘里，跌跌撞撞间，也不外乎欲寻求这样一份真。总有那么多的锦绣华年，总有那么多的悲伤逆流，也总有那么多的错过时间、错过地点，于是错过的总在日后变成留恋的，身侧的往往再度成为错过的。这未免要令人黯然神伤，感叹人生苦短，对的是那样少，真的亦难得一见。

李煜一定十分庆幸，在第一次交付真心后，他就能换来同样一份沉沉的真心。可他依旧觉得美中不足，因为他的身份，他总是无法决定自己的行踪，无法同心爱的妻子长相厮守。离别，总是同这对相爱的恋人不期而遇，那时虽然没有柳永写出“多情自古伤离别”，李煜对此却是深有感触的。

一重山，两重山。山远天高烟水寒，相思枫叶丹。

菊花开，菊花残。塞雁高飞人未还，一帘风月闲。

——李煜·《长相思》

那是南唐保大十四年（956年），春暖花开，后周发兵淮南，身为太子的从嘉奉命南下沿江巡视。江南春光甚好，泥融飞燕子，沙暖睡鸳鸯，春花如火，春水如染。万人簇拥的从嘉，却只惦记着临行时娇妻如泣如诉的眼波，自他心头流转，萦绕了他在外的所有梦乡。这是一场无奈无心，却无法推卸的分别，在孤枕难眠的流光里，放纵着来势汹汹的相思。于是，不论是行走在名山大岳里，还是探访古寺隐僧，抑或诗酒会友、把酒高歌，他都牵挂着金陵城里独守空闺的娥皇。

她是不是如同自己思念着她一样，正思念着自己？最难忍受是相思，可恨的是相思之苦却注定与他们如影随形。她会不会望穿了秋水，盼着自己归来？然而，自己身在千里之外，魂梦都无法与她相依。这个答案，在从嘉匆匆返回金陵之后，无声却自言明。她半是欢喜半是恼怒地从内室小跑而出，甚至都来不及梳洗，眼波如水的明眸里流淌的是恨，是怨，也是爱。他无须多问，一切都已经足够让他明白，在分离的时光里，她跟他一样，承受着相思的煎熬。

于是，所有的折磨都有了补偿。他们的爱是对等的，没有谁占了上风，没有谁伤害了谁而自己却毫发无伤。一场对等的爱，往往是最长久的。他忽然向她微笑，她抿唇，回敬一个温柔眼神，一切尽在不言中。

小别胜新婚。短暂离别后，两人的感情更加甜蜜，时常是如胶似漆、水乳交融般不可分离。夫妻之间，总有那么多无法言说的浓情蜜意，一颦一笑都心有灵犀，甜蜜得仿佛能够沉溺永久。哪个女子不想貌如娇花，每个晨起，娥皇都会对镜仔细梳妆。她本来就生得美，细心妆点之后，更是娇艳欲滴，引得从嘉欲罢不能。懒起画峨眉，双双金鹧鸪，温庭筠笔下的旖旎风情仿佛脱了书香，悄然鲜活。有时候，起了戏弄之心的从嘉悄悄执起眉笔，将娥皇已经画好的黛眉添上几分凌乱。待得娥皇发觉时，她又急又气，却显出无可奈何的神情，当真可爱可怜。就在平淡而不寻常的生活中，两人益发缠绵恩爱，就连从嘉自己都兴致勃勃地为这生活做了记录。

晓妆初过，沉檀轻注些儿个。向人微露丁香颗，一曲清歌，暂引樱桃破。

罗袖裛残殷色可，杯深旋被香醪涴。绣床斜凭娇无那，烂嚼红茸，笑向檀郎唾。

——李煜·《一斛珠》

世人最爱这句“笑向檀郎唾”，只觉得寥寥数语里有无限娇憨风情，一举一动皆动人心魄。其实娥皇究竟是怎样妙不可言，千年后的我们已经无从得知，我们更多地是凭借历史上的文字和从嘉亲身描绘下的诗词来猜测，那个令从嘉神魂颠倒的女子一定是一个风情万种而不失纯善的女子。也只有这样的女子能够在从嘉心中坚不可破地占据着重要地位。

晨起梳洗完毕，细细梳妆之后的娥皇在夫君的诱哄下忍不住多喝了几口黄梅小酒。酒后微醺，此时的娥皇脸色绯红，仪态犹自自持却微微凌乱，比平日里更多了几许诱人风情。素日里因身份而不能做的事情，如今借着几分酒意，她放弃了端庄稳重，露出骄傲任性的一面。她暂且的放肆，非但没有让从嘉觉得不悦，反而令他觉得新奇可爱，忍不住就要提笔记下这一幕。

这个蕙质兰心的女子，就像李煜生命里的春天，温暖了他孤寂悲凉的一生。不仅如此，娥皇还给从嘉的生活带来了新的转机。他们没有结合之前，都是才情出众的男女，结合之后，更是齐心协力，或是切磋琴棋书画，或是品读诗词歌赋。相爱的人在一起，不管做什么都会觉得十分有趣。这个道理，在从嘉和娥皇身上得到了验证。他们在相互切磋的同时，彼此的才学也有了大幅的长进。

娥皇善弹琵琶，这是令从嘉十分骄傲并欣赏的一点。白居易曾描绘过这种乐器的精妙：大弦嘈嘈如急雨，小弦切切如私语。嘈嘈切切错杂弹，大珠小珠落玉盘。他把琵琶的优雅美好形容得十分贴切，而难得的是，娥皇所弹奏的琵琶如同仙乐，纵使同《琵琶行》里的琵琶女相比，也不在其之下。

李璟对于这位儿媳所演奏的琵琶亦是十分欣赏，娥皇曾在他的寿宴上为他演奏琵琶，一曲收弦，艳惊四座。李璟龙颜大悦，当即下令将宫中珍藏的“烧槽”琵琶赏赐给娥皇。这是一把有价无市的名琴，“烧槽”制法始于东汉，流传至当时，已经有千余年的历史，以桐木为琴身，所演奏出来的乐声十分美妙，听过之人往往会感叹：此曲只应天上有，人间能得几回闻。

原本就善于琵琶的娥皇在得到这把名琴之后，自然如同锦上添花，琴艺更加精进。她时常在暖阁中给心爱的夫君演奏琵琶，而从嘉亦是含笑聆听。轻歌曼舞如画，浓情蜜意如梦。如此夫唱妇随，仿若神仙眷侣。殊不知，此年恩爱，于李煜的一生中是灿烂而瞬息明灭的烟火，那样声势浩大地划过他的天空，在给他无限欢喜之后，也给予他无限伤痛。

时光流过，日后的从嘉会不会对当年与娥皇的无奈分别伤感叹息？若他知晓，他一定不会离开她半步。他们的时光那样短，缘分那样浅，少了一天、一个时辰、一分，他都觉得追悔惋惜。可又或许，从嘉是安然的，纵使伤心，可他知道，他的宿命就是如斯残忍，他所爱的终究都会从他身侧被悄然带走，他再痛苦悲伤也无法抗拒。

第三节
盛世歌舞任凭欢

有一个词，叫作相见恨晚。

有一句话，叫作对不起，遇见你这样晚。

每每看到，总觉得不以为然。有追悔相见恨晚的工夫，还不如珍惜日后的长久时光，用一生去弥补命运的错。那时的我，并不知道很多时候，晚了一秒、一厘，错过的就会是一生。遇上那个对的人，却是在一个错的时间，实际上十分残忍。那时，太多事情已成定局，红尘中的人总是身不由己，牵绊太多，顾虑太多，能够放纵自己勇敢追寻的其实不过是寥寥一段青春。而青春，谁都嫌它太短。我想，从嘉在失去深爱的娥皇时，一定觉得他们的遇见当真是晚。

如果他早三年遇见她，彼时她还是十六岁的青春少女，娇俏而活泼，折一枝初春的迎春戴在鬓角，亦是人比花娇。可他终究错过了她的青涩年华，正如她也错过了他那时的惶恐忧惧。生命里，没有如果，也没有与时光重逢的机会。一旦失去，就再也无法完好如初，重圆的破镜，到底难愈伤痕。

其实从嘉不必追悔和怅然，毕竟他拥有过，真心付出过，也得到过最真挚的一颗心、一段情，相比尘世中种种有缘无分，到底美好上太多。他得到的并不是世间寻常的女子，而是一位才思出众得连上苍都妒恨的女子。

如果娥皇的夫君不是南唐后主李煜呢？她会不会在青史上留下她的名字，从容而华丽。答案是肯定的——能够凭借残谱就复原《霓裳羽衣曲》的女子，是足以被历史尊重与铭记的。《霓裳羽衣曲》的背后，是唐玄宗和杨贵妃感天动地的爱情故事。据说，杨玉环曾亲自为唐玄宗跳过这支舞，白居易也曾写诗描绘过起舞的盛况——飘然转旋回雪轻，嫣然纵送游龙惊。小垂手后柳无力，斜曳裙时云欲生。烟蛾敛略不胜态，风袖低昂如有情。上元点鬟招萼绿，王母挥袂别飞琼。可想而知，当一众仙娥翩然起舞时，是怎样的风流婀娜、惊艳众生。

这支《霓裳羽衣曲》原本是宫中所有，只能供帝王权贵欣赏。随着唐王室的日益衰落，这首曲子也被传到宫外。然而，时光斑驳，战乱纷纷，时至南唐，这支曲子已经大多逸散，成了绝响，剩下的只是一些残谱碎声。娥皇是在澄心堂翻阅古书时发现这些残谱的。日光微暖，无意之中，走入静默书香中的女子，见一些藏匿在书缝里的残页轻轻飘落于地，上面的字迹清秀温婉，笔锋清冷缠绵，她认出那是唐代女诗人薛涛的笔迹，不由捡起来细细赏阅。

时光在书页上留下了斑驳的痕迹。泛黄的纸张，经过光阴的腐蚀和蚊虫的啃咬，字迹已难以辨认，许多章节和批注都一片留白。娥皇素来喜好音乐，得到这些残页，顿觉如获至宝，连日翻阅古书，细心推敲。宫娥换过数回红烛，她浑然未觉，就连从嘉走入房内都不曾发觉。看着一心已经投入《霓裳羽衣曲》中的妻子，从嘉只淡然一笑，并不刻意阻拦。他知道，他所爱的就是这样的女子，专注、认真，有自己的一片天地，无意成为他的附庸和锦上花。

经过多日的钻研推敲，娥皇终于凭借自己蕴藉深厚的乐理功底还原了这首《霓裳羽衣曲》。这首自盛唐而来的宏伟曲乐再现于风雨萧萧中的南唐，这其间，已经隔了两百余年的流光掠影。她修改了原曲的结尾，将原本气若游丝的舒缓尾章改成直转而下的戛然而止。娥皇是根据乐理做的修改，但在他人耳中听来，却觉得并非吉兆。然而，不论外人如何评论，从嘉夫妇却乐在其中，特意召来宫中的伶人舞女演出这一场盛世歌舞。

皎洁明月下，金玉楼头，穿着轻薄纱衣的舞姬飘然若仙，周边有十余名歌女亭亭玉立，为乐曲伴唱。整首曲子由散序、中序以及“破”三大部分组成，每个部分又分为几个小节。散序为前奏，无歌亦无舞；之后中序开始起舞，舞女飘然而来，广袖如云，翩跹如若惊鸿游龙；“破”为收尾亦是高潮部分，如闪电破空而过，飞云流风，素手裂红衫，美不胜收。

受邀而来的官宦权贵看到此处，忍不住大声叫好。歌舞重来，香风随着落花款款相随，有微醺的客人在醉眼蒙眬里，将天上的明月看成两瓣。也有不胜酒力的客人早早告退而去，余下王府里一片狂欢。欢愉的时光里，酒意模糊了残破的江山，新婚燕尔的两人徜徉在浮夸的欢乐里，不知流水人间。

从嘉和娥皇不仅是能同欢乐的夫妻，亦是能够共同学习的良师益友。两人都喜欢诗词，从嘉在这方面造诣极深，娥皇亦是功底匪浅。每当写完一首词之后，从嘉总是习惯第一时间拿给娥皇欣赏，他这一时期的作品虽然大多数都是歌咏爱情、表现宫闱富贵的词作，然而由于想象的驰骋、笔墨的韵味、感情的深厚真挚，总是比别人的同类词作更上一层楼。

晚妆初了明肌雪，春殿嫔娥鱼贯列。
笙箫吹断水云间，重按霓裳歌遍彻。
临春谁更飘香屑，醉拍阑干情味切。
归时休放烛花红，待放马蹄清夜月。

——李煜·《玉楼春》

提笔写罢，从嘉自得地吟诵了一遍，娥皇恰好从外面归来，妆容未卸，粉面含春，笑盈盈地站在门前望着夫君。从嘉心中一动，忍不住对着娥皇又将刚写完的《玉楼春》吟诵了一遍。这首诗所写的是昨夜三千繁华的情景，从满庭锦绣到繁华落尽，灯火已残，月夜深静，唯有心中一片璀璨，暗自停留。

从嘉本来想从娥皇口中听到一句赞赏，毕竟他对自己的才华颇有自信，如果能够得到妻子的夸奖，那就再好不过了。未曾想，娥皇微微一笑，却摇摇头，轻声道：这首诗不论是布景抑或意境，都是再好不过的，只是上篇里有一个“春”字，下篇之中也有一个“春”，未免令人觉得美中不足。预料之中的称赞没有得到，从嘉未免有些扫兴，却见娥皇又柔声道：不如将临春改成临风，岂不更好。如果说娥皇的前一句话令从嘉有些不悦，那么后面这一句倒是令从嘉刮目相看了，他素来知道自己的妻子是才华横溢的女子，能书能琴，却未想她能够一针见血地指出自己的不足，显然，他应该对自己妻子的才华重做评估。

既然已经想通，从嘉豁然一笑，向娥皇作揖道谢，戏称妻子乃是自己的一字之师。古来“一字之师”的佳话并不少，有向田间的老农称为自己一字之师的，也有将自己的书童当作一字之师的，像从嘉这样以自己的妻子为“一字之师”的，更让人觉得他们夫妻之间浓情蜜意、缱绻情深。

李煜何其有幸，能够得到这样的奇女子娥皇为妻子。世间温婉贤惠的女子并不少见，才华横溢的女子也不罕见，然而能够如娥皇一般，蕙质兰心、大方得体，并能了解夫君喜好，同他琴瑟和鸣的女子却着实罕见。她就像是奇迹一样，出现在李煜的生命中，与他举案齐眉、生死相依。闺中曾幻想过的美满爱情，仿佛从梦境里款款而来，成为她枕畔眉目、清峻柔和的男子。她想，能够遇到他，亦是她的幸运。夜深人静，宫娥的低语渐渐消散，鲛纱帐里，她伸手轻轻画过他沉睡里的眉眼，指尖一点豆蔻鲜红，如诗，如画，亦如殇。

第四节
芳魂翩然绝尘去

曾经有过这样的想象：时光流萤飞逝，流年落花早谢，当年锦绣华服的翩翩少年褪去了清俊和稚嫩，在光阴的妆容里白发苍苍、鹤发如霜。已经苍老得无法行走的从嘉，会不会在生命的尽头回忆起过往的青翠年华？答案是一定的，谁都有过璀璨的昔日，可少年人总不会太过留恋追忆，恋恋不舍，恨不得此生重来的，也尽数是年华散尽的垂垂老者。

他所回忆起的青翠年华里，是否会有那个巧笑嫣然的女子，容颜如洁净绽放的莲花，芳香悠远，一重一重地盛开在他的生命里？当他回忆起她的身影时，心中是否愧疚如山，追悔不已？一段情、一份爱，有时沉重，有时缥缈，在失去时，到底会心如残灰。然而，从嘉已不再具有这样的机会，他无法如寻常人一样，从容地走向沧桑，淡然地历经所有人生。春去秋来，他的生命定格在薄暮的某一日。一如我们无法想象他的悔恨，他的生命被强行终止，永远也无法与自然法则重合。

可他对她的爱，终究曾鲜明存在，她在他心里的位置也无可取代。不管日后陪伴在他身侧的是怎样的女子，她依旧是他的结发妻子。结发如结情，生生世世都无法更改。他并不是无辜的，对于这份爱，从嘉应该是感到愧疚的，他辜负了她的深情和期许，也辜负了当年自己在红烛下立下的誓言。

在看到她最后的容颜的那一刻，他一定后悔、伤怀、愧疚，可再多的悔恨都已无法弥补她所受到的伤害。他终究辜负了她，如同所有爱情故事里的负心人，他成为年少时自己最憎恶的那种人。所以上苍惩罚了他，将她永远带走，再也不给他一个弥补过错的机会。

北宋建隆二年（961 年）九月，深秋时光，落花流水，红叶凄离，华美的宫殿上挂上了层层白色幡布，从嘉亦穿上了麻布孝服，跪在幽深的大殿里。他知道，自己一再躲避的事情终于发生了，父亲的死亡将自己推上了那个命定的位置——他再三逃避的位置。他知道，那些高枕无忧的时光已经结束，不久之后，他将会成为南唐的君主，肩负起一国臣民的巨大责任。可是，他不知道，不确定自己能否比自己的父亲做得更好。

是的，李煜只是一个懦弱的君主，他的父亲尚且在即位之初怀着雄心壮志，他却连振兴祖业都不敢想、不去想。此时，跪在灵柩前的李煜只是想，如果这个日子来得再晚一点，那该有多好。他没有面对的勇气，也没有承担的胆量，他只是一个被命运驱使着不得不走的角色，他只能承受，却永远无法背负。这样的人注定一生流离，爱他和他爱的人都会在欢喜之后生出淡淡的凄凉。然而，可怜之人必有可恨之处。李煜从某些方面来说是可恨的，亦是可怜的，让人可怜他的身不由己，也可怜他的颠沛命运。

即位后，从嘉将名字改为“煜”。煜字意为太阳升起，光明照耀，而他的字“重光”更能说明此时的他就如同南唐的太阳，主宰着南唐的命运。理所当然，在李煜成为南唐君王之后，娥皇也成为一国之后，母仪天下。此时的娥皇已经不再是当初那位温婉清和的少女，她已经是两个孩子的母亲。

那两个孩子都是男孩。作为嫡子，他们深得李煜的宠爱，这一方面因为他们的母亲娥皇是李煜深爱的女子；另一方面，这两个孩子亦聪慧可爱，十分讨喜。在李煜即位之后，他们分别被封为清源郡公和宣城郡公。

长子李仲寓诞生于李煜即位之前，次子李仲宣则在长子出生后的五年降临人世。这个天资聪颖、少年早成的孩子继承了父母所有的优点，生得美丽秀气，宛如观音座下的金童，并且在父母的悉心教养之下知书达理，小小年纪就懂得长幼尊卑，待人接物都十分大方得体。李煜由不得将所有的希望都寄托在这两个孩子身上，渴望他们能够出人头地，长成栋梁之才。此生，他已是一个软弱无能的皇帝，可这并不意味着他不希冀自己的孩子能扭转乾坤。

可以说，虽然内忧外患，但深宫之中的一家四口却在尽享天伦之乐，其乐融融。如果能够就这样走到尽头，未尝不是一种幸福。若是一家人能够欢聚一堂，哪怕山河飘零，哪怕寄人篱下，只要齐心协力，分享所有的痛苦和折磨，那些生命中的苦难亦是甘之如饴。然而，有一个词叫作好景不长。

北宋乾德二年（964 年），幼子仲宣不过四岁，李煜也风华正茂，这个家庭的女主人却忽然之间染上重病，卧床不起。这场来势汹汹的病，令花容月貌的娥皇缠绵病榻，憔悴支离，尽管身为皇后的她得到国中最好大夫的诊治，又有最好的药材和环境，而且深爱的丈夫也陪伴在身侧，嘘寒问暖，无微不至，然而她的病情却依旧未曾好转。

玉树后庭前，瑶草妆镜边。去年花不老，今年月又圆。莫教偏，和月和花，天教长少年。

——李煜·《后庭花破子》

李煜为此写了一首词，希望自己的妻子能够早日安康，如同过去一样，一家人聚在一起赏花赏月，人月两团圆。他祈求上苍垂怜，能让妻子安然无忧。不管日后他是否当真辜负了这段情，然而此时的李煜是真诚的，是毫不作伪的。他如同世间寻常的男人一般，一心希望妻子能够得以好转。如果没有妻子，那么这个家也就不再是一个真正的家了。

只是，美好的愿望最终只是成为一个空愿。李煜的希冀非但没有成为现实，这个曾经美满无比的家庭还经历了一次沉重的打击。娥皇病重不愈已经给这个家庭蒙上了阴影，谁都没想到的是，幼子仲宣竟然在此时夭折。这个孩子原本是出于一片孝心，偷偷溜出寝殿为母亲祈福，祈求上苍让母亲赶快好起来，却被突然跳出来的一只大猫惊吓至病，由此一病不起。孩子本来就极其脆弱，纵使父亲日夜宽慰，也无法将他从噩梦中拯救出来。不日，这个圆满的家庭就失去了他们最年幼、最疼爱的孩子。

这个噩耗原本是瞒着娥皇的，李煜下了命令，不许将此事告诉病重的皇后。他顾惜着娥皇重病未愈，哪里能够承受如此沉重的打击。他独自将此事隐瞒下来，强忍悲痛安排幼子的身后事，却没想到人多嘴杂，这个消息到底还是传到了娥皇耳中。娥皇听闻此事之后，悲恸无比，病情很快就恶化了。李煜在悲痛之中，前去守候在她的病榻，然而此时的娥皇，在失去爱子之后已经明白天不假年，自己的生命已经快要走到尽头，如果能够就此离开，去陪伴黄泉下年幼的孩子，未尝不好。这个尘世，已经令她那样失望。

仲宣的死，是令娥皇迅速走向死亡的一个原因。另外一个原因便是，在她病重之际，夫君和自己的亲妹妹产生了爱情。这对于一个皇后来说，是何等悲哀之事。最初得到这个消息时，她隐忍悲伤，却依旧怨恨李煜的薄情，也怨恨妹妹的残忍。她曾经以为他们的爱情固若金汤，原来竟是这样的不堪一击。她的恨、她的怨，却在得知仲宣死后，忽然淡然如素。人生不过黄粱一梦，她又何必生死牵挂。

未久，娥皇病逝。此时，李煜已是追悔莫及。他曾想过，若是娥皇病愈，他一定不再三心二意，一定如同从前一样专心善待她一人。他没想到，这个心愿竟然就成了泡影。她以最后的时光原谅了他，也原谅了她的妹妹，但是他知道，她一定曾为此黯然神伤。他欠她一声对不起，而这一声抱歉，她已无法听到，也无法回答。她就这样消逝在他的年华里，如同一个最好的梦，以最残忍的方式画上了句号。

第五章

多情总是无情客

第一节
匆匆一瞥定今生

珠碎眼前珍，花凋世外春。
未销心里恨，又失掌中身。
玉笥犹残药，香奁已染尘。
前哀将后感，无泪可沾巾。
艳质同芳树，浮危道略同。
正悲春落实，又苦雨伤丛。
秾丽今何在，飘零事已空。
沉沉无问处，千载谢东风。

——李煜·《挽词》

难以想象，李煜是以一份怎样的心情来提笔落墨，写下这首《挽词》的。珍珠碎微，花落残春。过往的一切美好都已成为隔世的记忆，那个错的人分明是他，应该承受惩罚的人也是他，为何苍天选择带走的却是娥皇？茫茫黄泉，他又该去何处寻找她的芳踪?

他知道，她已经不怨不怒，不惊不惧，风起无澜，雨过无痕，任何伤害她都已选择原谅。可她的原谅却并不意味着他没有过错，这只能令他更加无地自容，更加愧疚追悔。谁能知道，他心中是多么希望离开尘世的那个人不是娥皇，而是自己。他该怎样面对长子，面对臣民，还有自己。他沉浸在痛苦自责中，无法自拔，恨不能追随娥皇而去，在九泉之下痛哭流涕，祈求她真正的原谅和理解。

这并不是没有可能的，他们是两情缱绻的夫妻，日夜相伴，他们的分离并不是因为感情日益淡缈，情到浓时情转薄，而是由于生死的相隔，被阻隔在阴阳两端、生死两岸。这样突如其来的分离是极其痛苦和难以承受的，如果李煜就此一蹶不振追之而去，亦在情理之中。

可是，这个尘世，在失去了挚爱的妻子之后，依旧有李煜留恋眷顾的人和事。那个人叫作女英，正是娥皇的妹妹，亦是李煜深爱着的女子。不知道是不是上天注定，娥皇、女英原本就是一同嫁给舜的姐妹，而千年后，南唐老臣一对也叫娥皇、女英的女儿也嫁给了同一个身为君王的男人。

每一场爱情的开始都是突如其来的。晚风谢过春雨，秋雁掠过枫林，是哪一个无知无觉的瞬间，忽然就被卷入了一场以爱为名的情。或许是某年某月夜深人静时的回首，或许是细水长流里不经意的一次动心。于是，纠缠眷恋，就此开始，一直持续到下一个轮回之前。

李煜和女英，亦是命中注定的缘分。这是命盘上早已写好的情劫，逃不过，渡不去。少年风流，君王多情，如同李煜那样的人，一生中不可能只有一次情缠、一次爱恨，他的灵魂无法专注地停留。多情最是无情人，之于晚期的大周后，他是无情的，可当年他们也曾甜蜜恩爱、如胶似漆。而此时，他的多情是属于那个娇羞婉转的女子的。

女英出生于长姐娥皇十四岁的那一年。长姐如母，两人在闺中感情自是十分融洽，这在娥皇进宫之后得到深刻的体现。娥皇时常派人去扬州家中接来小妹，令她在宫中暂住，以慰藉思亲之情。娥皇在十九岁那年出嫁，那年女英不过五岁，梳着双环髻，眉心画了一点朱砂，越发衬得肌肤雪白如玉。可也不过只是个漂亮可爱的女童，骑着白马上前来迎亲的李煜匆匆一瞥，就将这个孩子留在眼后。

当时的他，一心牵挂着的只有自己的新娘，哪里又能想到，十年后，当年那粉嫩天真的孩子竟然会长成亭亭玉立的少女，偷走了自己的心，牵走了自己的情。时光不啻于神奇的魔法，竟然有这样大的魔力，而爱则拥有更为强大的力量，从某种意义上而言，那是可以超越时光的存在。

他们看上去并非那样般配，隔着时光，隔着身份，隔着爱恨痴缠，他们却这样相遇了，而后相爱了。这一切都像是一场梦、一场奇迹。或许，只是一个瞬间，身着黄袍的君王忽然发现，当年那个小女孩如今已是明艳无双，她穿着浅绿的衣裳，头上只有一朵浅色的牡丹，在他的注视下渐渐垂下脸，娇羞了容颜，不敢直视，却浅笑如花。她是那样的美好，又是那样像当年的娥皇，豆蔻初上，青涩明媚。他的心魂，在一刹那被填满。这缕情的最初或许只是一瞬息的怜惜、牵挂，夹杂着几分说不清、道不明的暧昧，就算是李煜自己也不曾想到，就是这样轻易的一瞥，那柔软娇憨的容颜就这样停留在了心底。

此时，娥皇已病重不起，忧思无限的李煜日夜牵念，国事的烦忧也令他时常抚额长叹。他是那样急切地需要一个出口、一份真诚洁净的慰藉、一个明亮如同雪白羽翼的笑容。阴差阳错，一切都刚刚好，那个有着明净笑靥的少女成为他清甜的温泉。最开始，他只是渴望见到那张天真纯净的脸孔，以缓解他的劳累痛苦，只是他忘记了，人都是有依赖性的，他会渐渐地依赖上她，如同飞鸟依赖上枝头，如同游鱼眷恋着大海。最后，他发现自己已经无法离开她了。

这个认知，令他措手不及。他从未想过，有朝一日，自己会真的爱上自己的妻妹，她几乎还只是个孩子。还有娥皇，她若得知，又该如何自处？记忆中那个粉嫩的女孩同如今这个明艳的少女重合起来，爱和欲纠缠不休，情和理难舍难分，他在愕然里霍然起身，没头没脑地走出了寝宫。身后的宫娥如影随形，他烦恼难安地回首，令她们退下，独自一人默然行走在冰冷的月光之下。

他走到那座再熟悉不过的小小楼阁，它被隐藏在婀娜阴冷的花叶里，月色令它迷离如幻梦，地上有它模糊的剪影，嶙峋的是它突兀出来的屋檐，隐约可见一只螭龙的轮廓。好似心有灵犀，迷蒙里，绿衣白裙的少女推开了窗，望着楼外的君王，目光婉转，如泣如诉，伸手欲关窗却始终无法闭合。他终于明白了一切，原来在这场百般荒诞的爱恋里，不只是自己沦为了爱的囚徒，她亦是在亲情道德以及深情里辗转难眠。他霍然扬起唇角，大步流星地走进小楼之中。

这一刻，他忘记了妻子，忘记了孩子，忘记了他的家和他的国，此情炙热如火，所到之处，天崩地裂，所有一切都被燃烧和摧毁。他的眼中只剩下那个婀娜娇柔的身影，只有一个叫作女英的女子。爱欲压倒了理智，此时，他只不过是世上最普通的男子，陷入了一场逃脱不过的情天欲海，是缘分抑或是孽债，他都认了，他只求此刻无怨无悔地爱一回。

缱绻春深，梦回三生。牡丹花上的露水妖娆滑落，打湿了一腔柔情。枕畔的佳人依旧沉睡，纤长乌黑的睫毛如同蝶翼，微微翘起的细微弧度就这样勾住了谁的魂魄。心满意足的君王自巫山归来，唇边似乎依稀残留着佳人衣裳上的淡淡香气，他兴致勃勃地提笔写道：

蓬莱院闭天台女，画堂昼寝无人语。抛枕翠云光，绣衣闻异香。潜来珠琐动，惊觉银屏梦。脸慢笑盈盈，相看无限情。

——李煜·《菩萨蛮》

同与娥皇在一起的时候不同，与女英在一起时的李煜显然少了一份为君的自持，多了一缕情人的风流；少了一分庄重沉静，多了一种乐在其中的喜悦。这首《菩萨蛮》写得亦是香艳无比，字字生香，那样抵足而眠的旖旎仿佛历历在目。宫外清冷，殿中情深如火，谁的衣裳落了一地，谁的绣架散落五彩丝线，谁的梦长，谁的梦短。这些爱的证据，都被他细心摘录，仔细临摹，化作流芳的诗词，刻在青石上，百年不褪。

沉醉在绵绵爱意里的李煜，已经忘记了病重的娥皇，也彻底抛下了君王的责任。他为恋人召开了盛大的宫宴，如同多年前为自己妻子召开的那样，红袖满庭，香云如画。他也命人跳起了《霓裳羽衣曲》，隔着满池歌舞寻觅那一双灵秀动人的眼眸，穿梭许久后，若能得到恋人一个羞涩的回应，他便觉得一切都不曾白费。有时候，他会想，说不定他前生是暴虐无道的商纣，酒池肉林也不枉妲己一个回眸；也可能是燃尽三千烽烟的周幽，穷尽天下只求褒姒一笑。

仿佛冥冥里的无声预示，他在欢歌盛舞里看到了自己的终局。因为不想在冷清寥落里结束，所以他选择了放纵自己的爱，宁愿在爱的灰烬中渐然熄灭，也不愿在寂寥里无声停止。纵使他注定要成为亡国之君，他也要成为令人记忆深刻的亡国之君。丝竹声落，歌舞消散，落花飘碎了一地，他举杯，遥望苍穹上俯瞰人间的明月，有人无声地走到他身后，轻启红唇，只为他吹一曲玉笙。

他回首而望，吹着玉笙的少女柔情似水，仿佛在低语安慰。人生难得一知己，李煜明白，人总是这样，如若痛苦能够被人了解和承担，就不会再那么痛苦。他不再想获得救赎，也不再去想那些自己力不能及的事情，此时的他只想将一颗心沉沦在爱与情里，于风月里消磨掉余生。

第二节
一曲笙歌荡回肠

铜簧韵脆锵寒竹，新声慢奏移纤玉。眼色暗相钩，秋波横欲流。雨云深绣户，未便谐衷素。宴罢又成空，梦迷春雨中。

——李煜·《菩萨蛮·铜簧韵脆锵寒竹》

是的，风流多情的君王，似乎忘记了肩上的所有职责，他不亦乐乎地穿梭在爱情里，享受春日的二度甜美。新欢女英，比起妻子娥皇并不逊色。她们都生于官宦之家，权贵阶层亦将她教养成大方得意的女子，除此之外，还多了几分娇俏明艳。十四岁的年纪正是最好的时光，女英就如同枝上半开未开的花，正待良人采撷。女英同样擅长音乐，只是与大周后擅长琵琶不同的是，她更喜欢吹笙，据说这首《菩萨蛮》所写的就是她吹笙的情景。

女英最擅长吹奏的是唐人张若虚所作的《春江花月夜》。玉指纤细，眸光如水，吹一曲海誓山盟，奏一首情到深处无怨尤。落花里听曲的君王不由得闭上双眼，任由美妙的音乐将自己带进神秘美好的仙境，他微扬起脸，月光恣意描摹出那清秀的曲线，随着玉笙的是他低声的吟诵：春江潮水连海平，海上明月共潮生。滟滟随波千万里，何处春江无月明。江流宛转绕芳甸，月照花林皆似霰。空里流霜不觉飞，汀上白沙看不见。江天一色无纤尘，皎皎空中孤月轮。江畔何人初见月，江月何年初照人？人生代代无穷已，江月年年只相似。不知江月待何人，但见长江送流水。白云一片去悠悠，青枫浦上不胜愁……（张若虚《春江花月夜》节选）。

如此美景之下，李煜或许也有了几分只羡鸳鸯不羡仙的情怀。梅花洁白，芬香如送，坐在花丛里的一双恋人，只盼着地久天长，此情此景永不消散。他望着恋人姣好的侧颜，忽然兴致勃勃地谈起花事。庭前那盆紫色的花叫作“风流”，香气最是迷人不过；而那盆白色的叫作“瑞香”，很是芬芳淡雅；至于窗下的那株牡丹，正是名动天下的“姚黄”，那本来是洛阳的名花，如今培植到江南，费尽了皇室中几代花匠的苦心，依旧国色天香。他侃侃而谈，她仔细聆听，相依相偎，如同花间一双飞燕，甜蜜得忘乎所以，都忘记了南归的旅程。直至月落西沉，两人才在宦官的催促下依依不舍地告别。

虽然两人已缘定三生，可到底女英还是待字闺中的女子，为了对方的名节，李煜只好郁郁离去。然而，这份甜蜜，到底令他回味无穷，回到了寝殿中，才分别，便相思。他在华丽的龙床上辗转反侧，始终难以入眠。或许，这是一场他永远无法躲过的劫，亦是一场他心甘情愿为之沦陷的情劫。与娥皇的婚姻是他的幸运，幸好，他遇上的那个人是娥皇，如果是一个将“女子无才便是德”当作信条的女子，可想而知，李煜将会郁郁寡欢，终日生活在惆怅与痛苦里。虽然他终于遇上了娥皇，然而这段姻缘到底是由别人掌控支配的。想来，素来才情兼备的李煜，在花好月圆里，终究有几分遗憾。

遗憾的不过是自己始终不能寻找到一个甜蜜美满的恋人，还不曾尝到恋爱的滋味，就已经进入婚姻生活。毕竟，婚姻是一座围城，他还未曾体会过围城之外的自由，便已经走进围城里的光景。婚后的生活即使百般美满，到底有几分不甘心，亦觉得有几分束缚和不自在。

或许，命运就是这样书写的。不论是作为一位君王还是一位才子，李煜的一生都不可能只属于一个女人。君王后宫本来就是三宫六院、七十二嫔妃，他的地位注定了他不可能永远只停留在一朵花上。而他的风流才思、他的惊艳才情，同样昭示了他的心将会经历不止一段爱。诗人本来就是奇怪的物种，需要很多很多的爱，很多很多的情，才会写下流芳千古的文字。

女英的出现，填补了李煜长久以来的遗憾和空白。他终于知道“情”字的美妙，尤其是当这份情是由自己完完全全掌控的时候。他深深地喜欢上了这个跟妻子有血缘关系的小女子，甚至可以说是爱上了她。尽管在心底深处，他知道自己的情动，在世人眼中，是那样不正常，甚至可以说是不伦的。他亦知道这样做有多么对不起病中的妻子，如果她知道真相，将会怎样黯然神伤？可不管在情爱之外的李煜有多么理智，一旦见到那张天真明艳的笑靥，他依旧再度沉沦。

可他知道，此事是娥皇万万不能知晓的，一旦被她知道，自己和女英的名节扫地倒是其次，他最担忧的是她的病体，恐怕就此……于是，李煜将此事隐瞒得密不透风，病榻上的皇后已经无力管理后宫事务。一开始，她并不知道自己的丈夫已经从身到心都背叛了自己，只盼着自己能够尽快好起来。她还那样年轻，还要跟深爱的人白头偕老，还要看着两个孩子长大成人，娶妻生子。只可惜，一切都事与愿违。

虽然一切都始于情，可是在道义的立场上，依旧是李煜错了。他伤害了一个无辜的女子，更将此时深爱的女子陷入了一场无望的情爱之中——因为此事需要隐瞒娥皇，这就意味着这场爱无法昭告于天下，他也就给不了女英任何承诺和名分。尽管女英并不在乎这些，可伤害就是伤害。他曾给女英写过一首《子夜歌》：

寻春须是先春早，看花莫待花枝老。缥色玉柔擎，醅浮盏面清。何妨频笑粲，禁苑春归晚。同醉与闲平，诗随羯鼓成。

——李煜·《子夜歌》

乍看上去，这不过是一首普通的惜花词。有花堪折直须折，莫待无花空折枝。可是诗中的情意深涵，又怎么瞒得过同样饱读诗书的女英？她一眼就看出这并非寻常诗词。寻春须是先春早，看花莫待花枝老。这其中蕴含着一个“人面桃花”的典故。人面不知何处去，桃花依旧笑春风。这句诗读来，总是有种淡淡的惘然和伤感，当年那个笑倚在桃花下的窈窕少女，今日却不知去往了何处。谁知道她的流年，谁懂得她的惆怅。那场相遇如梦如幻，最终成为记忆里缥缈的烟雾。据说，唐代诗人杜牧就是这场有缘无分的相遇的亲身感受者。

那年杨柳青翠，那样春露娇娆，韶光如水亦如梦，诗人路过潮州，与一位少女相遇，两人一见钟情，杜牧碍于少女太过年幼，于是和其母亲约好十年之后再来迎娶。然而，当十四年后，杜牧出任湖州刺史再与女子相遇时，当年如同明月般美好的少女早已嫁为人妻，成为两个孩子的母亲。在错误的时间遇上对的人，这是件多么令人感慨的事情，人生不如意之事十有八九。人们总是在不圆满中不断地错过，不断地失去，最后发现能够挽留的，太少太少。

李煜将这个典故写入词中，送给女英，其用意自然是不言自明的。他不愿意再错过她了。时光可以改变太多的人或事，匆匆弹指，又是一年，他不知道，如果放走她，他是否还能拥有下一个十年来等待一个值得相遇、相知、相守的人。君生我未生，我生君已老。他不愿意杜牧的悲剧在自己身上重演，他唯一需要做的就是在这个时间抓住她。

何况，当时纷乱的政局也不允许李煜再风花雪月了，谁知道，这个国家将会在哪个沉寂无声的夜里金戈铁马去，惊天动地来。国破山河在，城春草木深。他读过太多山河破碎的诗词，明白国家的毁灭之于他，不啻于人生的毁灭。所以，像这样痴狂而缠绵的恋情，或许一生也只有一次了。他要在这段情里做他一生中最大胆和放肆的事情。此时，他叫作李煜，而非南唐的君王、娥皇的夫君。

第三节
悲欢离合娇颜改

一生一世一双人。年轻时，许多人都憧憬着这样的爱情。缘定三生，矢志不渝，生死无悔。在那些纯真清澈的双眸里，这样的爱情才弥足珍贵，才称得上是真正的爱。在爱情的世界里，不应该有别的东西，哪怕只是一分一毫，都算不上一份干净纯洁的爱。你的眼中唯有我，而我的眼中也不过只有你。双眸中倒映出的是彼此的影子，而非其他。

只是后来，我们才知道，那样的爱情或许只存在小说里、诗歌间、戏剧中，甚至我们的梦里。那些瑰丽漂亮的文字或影像，又何尝不是我们的一个个梦呢？在相爱的两个人眼中，倒映出来的或许并不只是彼此，还有许许多多无可奈何的东西，是现实，是人性，是千丝万缕无法估摸的未知。在这些东西面前，有多少爱败下阵去，又有多少爱浴火重生。世界上，毕竟没有那么纯粹的爱，也没有谁就离不开谁。行走在这个世间，爱并不是唯一的信仰。

年轻的时候，我十分厌恶丧妻再娶的男子，不论是在现实中还是故事里，都觉得这种人值得唾弃，仿佛一旦失去挚爱，他们也应该追随而去，生死不离。后来，这样幼稚却坚定的信念被时光日益侵蚀，我们会发觉，当生死将一对相爱的人拆散，当时的巨大痛苦会在漫长的时光里渐渐淡化，最终不过化成一种怅惘。虽然挚爱已经远去，然而生活却要继续，并不是所有人都能有为情而生、为情而死的勇气。

何况，每一场爱的发生都有其缘由。感情的加深，亦是在点滴中蕴蓄。

花明月暗笼轻雾，今宵好向郎边去。刬袜步香阶，手提金缕鞋。画堂南畔见，一向偎人颤。奴为出来难，教君恣意怜。

——李煜·《菩萨蛮》

夜深人静，万籁俱寂，碎石小径的两旁花开葳蕤，娇艳的花瓣之上染着淡淡的湿润雾气，如同哪个路过的柔弱宫娥落下的湿意。明月从轻云薄纱后悄然盛开，细碎的光影微微照亮了前方的路。着轻薄单衣的少女踮起脚尖，无声地穿梭在花径里，乌黑的长发如同云海，迢迢垂在身后。她手里还提着一双精致小巧的金缕鞋，双足仅着白袜，冰凉的石阶透袜凉心，她忽然顿足怔住，仿佛这一刻才明白自己在做什么。

暗夜出行，私自约会，那岂是大家闺秀做得出来的事情？她恍惚里握紧了手中的纸条，上面的字迹熟悉如斯，那个人约她于画堂南畔相见，她初听闻时，不胜欢喜，好不容易挨到子夜时分，便瞒着婢女宫娥偷偷而至。可是现在的她，在做什么呢？那个人是她的姐夫，这就已足够惊世骇俗，况且，她又如何能够知晓，他们会不会有未来？她站在冰冷的台阶上，心中柔肠百转、进退两难，可一想到那个人此时正坐在花丛中，孑然地望着明月，等着她的到来，她就觉得自己矜持得可笑。她分明早已将此心付与，又何必在乎名节声誉？

为了他，她可以抛却一切，哪管日后有或没有未来，哪管此生是否能长相厮守，如若能这样不顾一切地爱一场，也不枉来世上走一回。怀着这样的念头，她提起裙角，在花径间飞快地奔跑起来。现在，她只想着快点见到心爱的情人，在他的怀中诉尽衷肠。未来的是是非非、真真假假，她已经顾不上那么多了。丢开了所有的世俗偏见和礼教约束，两人的感情日益深浓，如胶似漆。

对于女英，李煜总是有着无限爱怜。跟他比起来，其实她还只是个孩子，可偏偏就是这个孩子，令这个走遍花丛肆意风流过的他动了心。她的身上仿佛有种坚韧执着的勇气，不论遭到多大的风雨都无畏无惧。她为了他，几乎放弃了所有，他又怎么能够不动心、不怜爱呢？

如果不是遇上了自己，或许，她会有更好的未来吧。嫁给一个门当户对的少年，一个懂得她、了解她、欣赏她的少年，一个将她捧在手心里视若明珠的少年。她那样好，所以值得嫁给更好的人。可是自己呢？且不说如今的自己能够给她什么，他甚至给不了她任何承诺，纵使日后她能够名正言顺地站在他的身侧，他依旧不是全部属于她的，他有他的江山、他的臣民、他的责任、他的任性妄为，或许能给的只有此时。可她还是爱了，依旧义无反顾，依旧为此赴汤蹈火，依旧抛下了所有的理智和清醒。他是不能不感动的，可纵使感动到肺腑深处，他仍旧无法发誓说，我会立你为我的皇后，令你一生都与我生死相随。他所做的，唯独是默默地承诺自己，必定要善待这个可怜可爱的女子。

因为他心中依旧放不下病床上的结发妻子。他向她隐瞒了所有消息，却忘记了嘱咐女英。那个纯真可爱的孩子，又怎么敌得过冰雪聪慧的娥皇呢？纵使此时娥皇病体支离，也依旧能够从女英的只言片语中发现一些蛛丝马迹。病重的皇后从一向疼爱的胞妹口中发现了真相，顿时觉得晴天霹雳——原来所有的誓言都不过是过眼云烟，她深爱着的夫君亦是那样的薄情寡义，当她缠绵病榻之时，竟爱上了自己的妹妹，可怜她还一无所知。

忧郁痛心里，她的病一日比一日恶化，加上不久之后爱子又夭折了，她在双重打击之下很快撒手人寰。对于此事，李煜和女英都愧疚得无地自容，尤其是女英，她只以为是自己害死了疼爱自己的长姐。她郁郁寡欢，看到深陷自责而无法自拔的李煜，更是觉得悔恨惭愧。她垂泪，发誓要用自己的余生来好好照顾他。死者亦不可追，生者还需要好好地活着，走下去。何况，早在那夜画堂私会时，她就已经下定了决心，此生不论如何，她跟定他了，哪怕一生都无名无分地跟着他，她亦是心甘情愿的。

或许，她若能陪着他，他心里能够好受一些。这是她如今赎罪的唯一方式了，但愿黄泉下的长姐能够原谅他们。她擦干了眼中的泪水，竭力安慰痛苦中的李煜，并且承担起长姐留下的一干职责，每日前往太后宫中晨昏定省，无微不至地照顾李煜和娥皇唯一的孩子。她努力将每件事情都做到尽善尽美，未久，女英就成为宫中上下人人称颂的贤德女子。即使是李煜的长子李仲寓，也对小姨处处恭敬，被教养得乖巧懂事。

女英的所作所为，李煜虽然不置一词，可是他都看在眼中，感动在心里。是的，她是无怨无悔的，她分明可以在娥皇离去之后决然而去。回到扬州故居，她依旧是高贵的周家千金，有慈爱的父母和兄长，千娇百宠地养在深闺里。只是，她断然放弃了这条路，而是代替长姐留在深宫里，毅然承受所有的冷言冷语、百般挑剔——之前的娥皇做得那样好，她贸然而来，自然会招致不少磨难。

这一切的一切，他并不是不知道，可他只是默默地看着，似乎已经将这个不久之前深爱过的女子忘在了脑后。最清楚的或许是心罢，它知道，她所做的一切，不仅是为了早逝的长姐，更是为了他这个懦弱的恋人，因为只有爱，才能够让她无限度地容忍所有伤害。到了此时此刻，他才终于明白，娥皇已经真正地离开了，陪伴在他身边的再也不会是那个精通音律，连《霓裳羽衣曲》都能够复原的女子。他只剩下她了，那个为了他可以放弃所有、承受一切折磨而无怨无悔的女英。有爱如此，夫复何求。

他清醒过来，凭着心的驱使走到她的床前，无声地握住她的手。这些日子以来，她的日子也并不好过，一双原本娇嫩得堪称柔荑的手，已经略微粗糙，这些只会令他更加顾惜感念。沉睡中的女子霍然惊醒，发现守在自己身侧的竟然是这段时日里一蹶不振的恋人。此时，他深深地看着自己，目光如海。她明白，一切都已不言自明。关于爱和悔恨的伤害，终究已经过去，她终究还是等回了她深爱着的人。月光如纱，灯影朦胧，她含着泪，忽然莞尔，一如初见时，春意阑珊，落花如风。

第四节
缘定三生千百转

前生有约，今生偿还。说起来，都难免心动。缘定三生，千回百转后，总是能在茫茫人海里找到那个有过约定的人。天知道，在偌大红尘里来来去去，只为一个渺无踪迹的约定，是一件多么困难的事情。可就是因为这样难，爱得也就越真，也就越会懂得珍惜。

曾几何时，更喜欢《红楼梦》里神瑛侍者和绛珠仙草的故事。风神俊秀的少年风雨无阻，浇灌那棵日渐灵气的仙草。此后他下凡，她成仙，可她终究忘不了当年的一水恩情，愿意也随之下凡，将一生的泪尽数还予他。其实还泪是假，盼着再续前缘倒是真。前生未了的缘，今生来弥补圆满，哪怕今生依旧是无声落幕，连告别都黯然销魂，可也是真的诉过衷肠、表过心迹，且彼此都知道对方心中除了自己，并无其他。

没有上辈子的爱恨纠缠，又如何有今生的痴男怨女？或许，每段感情的背后都有一段前世的因缘记忆，暗地里蛊惑神魂、犹自作祟。李煜和女英或者亦是前生约定过的，缘定三生，不离不弃。哪怕今生，他遇上她，是那样迟，错过了最好的韶华，又错过了最对的位置。可他们终究还是相遇了、相爱了，最终决定长相厮守了。是对是错，任由后人评说。

在后人眼中，这份恋情可能着实不伦，然而在南唐一干大臣眼中，却并非不是良缘。一来，女英与大周后一样，都出自名门望族，拥有嫁入帝王家的资格。其次，女英亦贤良淑德，她在大周后死后，代替长姐履行皇后的职责，样样周全，无微不至。这些大臣心中是有数的。更重要的是，圣尊太后与君王李煜都十分喜爱她，一些先知先觉的臣子已经率先行动起来，上了折子希望李煜续弦，立女英为后，继娥皇之后成为南唐的皇后。

对于此事，李煜自然是乐见其成的。如果说他非要续弦，再立一位皇后的话，没有人比女英更加合适了，她柔婉贤惠，更是长子仲寓的小姨，有了这层血缘关系，两人会更加亲近。加之母亲亦对她喜爱有加，想必女英进宫之后，后宫将会恢复从前的和谐和宁静。难得一干臣子都觉得女英是良配，自己为何不顺水推舟呢？

就在李煜打算同意臣子上奏之时，后宫中传出圣尊太后病重的消息。圣尊太后是李煜的生母，在这个时候，他自然不能惘视人伦，只顾着自己的良缘佳人而置生母于不顾，这是自己的良心和世间的孝道都不能容忍的。于是，李煜不得不将此事耽搁下来，专心照顾圣尊太后。女英亦同他一样，在圣尊太后病床前侍汤奉药。

可怜好事多磨。未久，圣尊太后病重沉疴，不久便阖然长逝。按照礼法，父母死亡，子女须守孝三年，不得举办喜事。办完了圣尊太后的后事，李煜也无法立即给予女英一个名分，毕竟，他还是南唐的君主，不能任性妄为。

李煜的无奈，女英是明白的，她大度地表示谅解，并愿意就这样无名无分地陪伴在李煜身边，哪怕两人并不能有任何亲近的行为。幸好，此时女英还小，尚未及笄，就算再过三年，也不过是二八年华，正是一个女子一生当中最好的时光。他下旨将她留在宫中，待李煜守制之后，待她出落成芬芳少女时，再履行婚约。于是，女英就这样陪伴在他身侧，没有名分，然而众人都知道她将会是未来的皇后，倒也对她恭敬有加。尽管李煜和她无法耳鬓厮磨，倒也可以日夜相见。

然而，在李煜眼中，这不啻于另一种难熬的折磨。都说世界上最遥远的距离不是生与死，而是我站在你面前，而你并不知道我爱你。李煜此时经历的折磨，同这种情形别无二致。至亲至爱的人分明就站在自己的眼前，笑靥生生的，语笑如银铃，自己却不能同她亲近，甚至连握住彼此的双手都不能，当真是美人如花隔云端。相见而无法厮守，这真令两人束手无策、心生烦忧。

为何人世间，非要有这些束缚人的礼教呢？为什么浩荡红尘，人与人无法自由地相亲相爱？愤懑之下，他提笔便写，将心中愤懑之情恣意喷薄而出：迢迢牵牛星，杳在河之阳。粲粲黄姑女，耿耿遥相望。他和女英，便好比天上的牛郎织女，隔着银河迢迢相望，碧水滔滔，烟尘滚滚，分明近在咫尺，却好比远在天涯。牛郎织女一年之中，还可以有一次亲近之期，可是自己和女英呢，却仿佛度日如年。人的心愿固然美好，奈何总是事与愿违。

可幸好此时此刻，还能有一个人始终如一陪伴身侧，不离不弃，无怨无悔。南唐已处多事之秋，不复当年江南霸主的地位，家国日益飘摇，无边落木萧萧下，却不见长江滚滚而来。对于国事，李煜已是一日比一日更加力不从心了。他唯一排解忧愁的方式，就是见到深爱的女子，同她说上几句话。每次相见之后，他的心情总会有所好转，于是他庆幸，今时今日，他还是幸运的。

然而，家国终究已动乱不堪，赵匡胤的大军在江东虎视眈眈，随时随刻都会来犯。这种悬刀于头顶之上的恐惧感，令李煜夜不能寐、食不能安。虽然他在南唐是万人之上的君王，可在赵匡胤眼中，不过是一只苟且偷生的蝼蚁，他只需轻轻弹指，顷刻就能令他覆灭。之于国势，李煜并不是不愁的。历史上那个将家国置于一边，任由国破城灭的君王，此时还是担忧南唐的。

谁会心甘情愿地将江山拱手相让？谁有面目去黄泉下面对苦苦打下江山的祖辈？谁能坦然面对万里山河的子孙和日后的千秋万代？亡国的罪名，李煜柔弱的双肩扛不起，他亦是不愿成为这等罪名的阶下囚的。他写过一首叫作《乌夜啼》的词，他的心境仿佛透过诗词这面镜子，倒映在后世眼中。

> 昨夜风兼雨，帘帏飒飒秋声。烛残漏断频欹枕，起坐不能平。世事漫随流水，算来梦里浮生。醉乡路稳宜频到，此外不堪行。
>
> ——李煜·《乌夜啼》

秋风瑟瑟，秋雨缠绵，江南的秋总是如此哀伤清冷。北方的冷，是凌冽干脆的；而江南的寒，是凄凉入骨、寸寸紧逼的。更深夜漏，久无睡意的君王翻身坐起，出神地凝望着窗外的冷雨。他在凄冷的落叶里回首短暂的前生，世事如同远去的浮云，他爱过恨过的一切，如今都已不堪一提。多少次，他想放下所有一切，望穿红尘，看破人世而去，在深山里建一座简陋的僧庐，哪怕雨打寒窗，风声飒飒，那是他年少时的梦想，却始终无法施行。他以为，此生漫长，他总会有机会飘然远去，寻求心中的一片净土。可世事总让他身不由己，他翻覆了红尘，陷入了命运的旋涡，遇上了娥皇，被推上了皇位，失去娥皇之后又遇上了女英，而此时，他坐上王位也有不少年月了。此生，终究是无法圆梦了。

他低声长叹，再睁眼时，天光已倾泻进来。宦官推门而入，尖声提醒他今日之事，他才恍然明白过来，原来这天是他要迎娶女英的日子。她已经回到周家在京城中的故居，想必此时正凤冠霞帔、艳妆以待。想到此，他心里的阴郁终于烟消云散——人生毕竟还是有值得欢喜的事情的。

这场婚礼，李煜启用了南唐最高的规格。当年迎娶娥皇，他还不过是六皇子，所行之礼也不过是皇子的规格。而此时他已是君王，他将要迎娶的是南唐的皇后，这自然是不一样的。何况，他也需要给那个为他吃尽了苦、受尽了折磨的女子一些力所能及的补偿，譬如一场盛大的婚礼。

彩灯如水，凤辇华贵，七十二对宫灯环绕四周，繁华璀璨。凤辇之中的女子将容颜隐入红盖头下，只露出一双雪白的柔荑，指尖的朱砂红，如同一颗欢喜雀跃的心。她被迎至柔仪殿中，环顾四周，殿中已不复自己离宫时的光景，早就有人精心布置过。金鼎炉、水沉香，一丝一寸，皆是穷极奢华。礼官唱罢，身着喜袍的君王缓缓前来，揭开了那方绣有龙凤图的盖头，露出一副艳丽娇美的容颜。一切梦中流景，如今尽数成真。

盼了数年的情景终于实现，李煜执起女英的手，两人一同饮下了金杯中的佳酿，他终于可以将佳人真正拥入怀中。从今之后，她不再只是女英，更多的时候，她被叫作小周后。

第五节
三千宠爱于一身

大婚过后，李煜非但没有将心思回转到国事上来，反而变本加厉地大宴群臣，却依旧觉得不过瘾，遂下令打开国库，与民同乐。如果处于太平盛年，这自然是臣民求之不得之事。然而时年，南唐正处于内外交困、风雨飘摇的岁月，李煜倾国之力举办如此奢华的婚礼不说，还耗费国库，只为了满足一己私欲。

于是，便有臣子上书劝谏：

时平物茂岁功成，重翟排云到玉京。
四海未知春色至，今宵先入九重城。
银烛金炉禁漏移，月轮初照万年枝。

造舟已似文王事，卜世应同八百期。
汉主承乾帝道光，天家花烛宴昭阳。
六衣盛礼如金屋，彩笔分题似柏梁。
——徐铉·《纳后侍宴三绝》

从中就可以看出，李煜对小周后实在是情深意重，不惜耗费巨资来讨佳人欢心。徐铉身为老臣，看到如此情形，亦是极为痛心的，只可惜李煜已经浑然忘了自己的责任，不仅没有觉醒后奋发图强，反而一心沉沦情海，和小周后一起花天酒地，沉醉不归。

这首诗中的金屋，用的是东汉汉武帝“金屋藏娇”的典故，柏梁说的则是汉武帝晚年给宠妾王夫人修筑的宫殿，极尽华美，以黄铜为柱，柏木为梁。在这位老臣眼中看来，小周后不啻于当年的陈阿娇，李煜在她身上穷极奢华。只可惜，李煜生性柔弱，又如何能与雄霸天下的汉武大帝相比。

诚然如此，小周后自成婚之后，便摆脱了无名无分的尴尬境地。此时，圣尊太后已逝，后宫之中唯有她尊贵无比。她一心只想着取悦李煜，为他排忧解难。在物质条件上，不论南唐如今如何潦倒，皇室的生活依旧是华贵奢靡的。小周后以此要求工部在移风殿外修筑一座花房，那是他们未成婚之前时常幽会的场所，她希望李煜走进这座花房时，能够忘记政事上的烦恼。

这座花房耗费了无数能工巧匠的心思和金钱，不久，花房落成。这座花房内晶莹剔透，设满花筒，奇彩绚丽，并以越窑青瓷为花盆，栽种形形色色的珍稀花卉。越窑青瓷有“夺得千峰翠色”的美名，素来为宫中御用之物，寻常人家都不能一见，此时却被拿来做花盆，当真奢华无比。一走入花房之中，放眼尽数葳蕤花开、青翠碧流，伴随着阵阵花香，仿佛神仙洞府、天上人间，李煜忍不住龙颜大悦，赐名为“锦洞天”。一旦有闲暇时间，他就和小周后一起来到锦洞天赏乐游玩，恣意怜爱，将一切烦恼都置之度外。

在当时的后宫，小周后便犹如当年的杨玉环，三千宠爱集一身，李煜对她的恩宠可谓达到一个境界，不论小周后如何行事，李煜都欣然允之。他对她宠爱纵容，亦是因为知道她的所作所为都是为了让自己开心一点，忘却烦恼罢了。小周后的盛宠，若只是在寻常人家，不过是夫妻两人之间的情趣，过后更添几分爱意。但在后宫之中，难免有些令人嫉妒。虽然李煜的后宫并未达到三宫六院七十二嫔妃的程度，但亦有许多佳丽宫娥看到小周后的春风得意，心中难免蠢蠢欲动。

深宫寂寞难熬，都说一入宫门深似海，从此萧郎是路人。对于后宫的妃嫔而言，争宠是她们的首要任务。李煜对小周后的温存体贴、处处宽容，令一向安分守己的妃嫔们跃跃欲试。

小周后虽然生得十分美丽，但是宫中姿色不比她逊色的也不在少数，她们以为自己有朝一日也可以得到李煜的宠爱，与小周后平分秋色，加之李煜为人温柔宁和，长得一表人才，自然为众多妃嫔所心仪。

争宠的风气一开，后宫之中便争相邀宠。小周后生性慈柔，并是善妒之人，宫娥们便变本加厉。后妃黄氏原为汉水人氏，其父黄守忠为楚国将军，在与南唐的一次交战中不幸身死，遗下家眷被俘，送回南唐后，黄氏因容貌秀美而被送入宫中。当时李煜还未即位，即位之后，无意中发现了黄氏。

此时，流年略去，当初年幼的少女日渐出落成美貌的女子，一颦一笑，十分动人，李煜龙心大动，封之为“保仪”。奈何当年娥皇专宠，她并未得到李煜的宠幸，直至如今，女英被封为皇后，对后宫管束渐松，黄氏趁机苦练书画，收集书画孤本，献给一向喜欢书画艺术的李煜，两人因此结缘，李煜亦对机敏聪慧的黄氏有几分喜欢之情。后来，李煜将宫中的珍贵善本等都交给黄氏看管，显然是委以重任。

除此之外，令李煜有几分动心的还有善弹琵琶的宫妃流珠，据说流珠是宫中除了娥皇之外最擅长弹奏琵琶之人，娥皇演奏的曲子，只有她最能得其神髓。因而娥皇专宠之时，也只有流珠不为她所嫉妒，两人反而时常一同钻研曲艺。她最长于演奏娥皇的《邀醉舞破》和《恨来迟破》两首琵琶曲，每每演奏，总会令李煜回忆起当初与结发妻子的甜蜜之意。

娥皇故去之后，宫中琵琶曲渐少，能够将琵琶弹好的也不过流珠一人而已。于是，每当怀念娥皇，李煜总会将流珠招至身侧，令她演奏琵琶曲，以慰相思。久而久之，难免也有几分真情。

史书中有所记载的还有宫娥薛九、秋水、乔氏、窅娘等人。薛九能歌善舞，每当她翩然起舞时，便犹如惊鸿仙子。她还专门研练李煜所作的《嵇康曲》，所做舞步同诗意相合，如梦如幻。她的歌声亦是宫中一绝，字正腔圆，珠圆玉润，可为天籁之音。后来南唐亡国，薛九流落宫外，以教坊卖唱为生，歌声绕梁三日而不去。宫娥秋水容颜，纯真娇美，时常以香熏衣，身处花丛犹能引蝶环绕，犹如花中仙子，以此来取悦李煜。她亦精通书墨，其名秋水就是从王勃《滕王阁序》中而来，落霞与孤鹜齐飞，秋水共长天一色。如此妙人，李煜亦有所钟情。

而乔氏沉静温婉，柔贞平和，与她共处一室，如沐春风。她听说李煜信佛，便苦心向佛，李煜曾经赐她一卷《般若心经》，她日夜随身携带，不敢离身。直至李煜故去之后，她才将这卷心经拿出来，交由相国寺收藏。

还有一名有史记载的宫娥窅娘，据说她是一名混血儿，祖上有西域血统，因而肌肤如雪，隆鼻深目，身材高大挺拔。她最擅长的是跳舞，李煜一次无意中见过她翩然起舞，便记住了这个艳光四射的女子。他不由想起了梁朝萧宝卷和其宠妃潘氏步步金莲的典故，据说萧宝卷极其宠爱这名妖魅入骨的妃子，令人用金片熔铸成朵朵莲花，平贴于地面上，如同莲花遍开，其后再令潘妃舞于其上，故名“步步生莲”。这个穷极奢华的典故令李煜十分神往。为了讨李煜的欢心，窅娘费尽心思，苦心钻研，由此研制出一套极为独特的舞步。

她以布帛缠足，使步履纤细，以足尖而舞，更显得轻盈多姿、婀娜娇美。跳这种舞步不亚于受酷刑，然而她依旧笑意含春，令座下的众人如痴如醉。她在金莲上如蝶翩跹，足下彩光熠熠，瓔珞装饰，宛如瑶池下凡的仙子，连在纸醉金迷里沉浸多年的李煜都不免为之神魂一动。

这些如花似玉的女子生于后宫，一生一世都为了君王为活，取悦君王已经成为她们生存的目的。可是当她们含笑而来，语笑盈盈地望着李煜时，这个阅尽千帆的君王在柔情满怀的同时，或许仍有几分惆怅。这些不知是真是假的情爱，又怎么会令他真正展颜。他知道，真正爱着自己的是早逝的妻子和如今的小周后，这些莺莺燕燕之于他不过是过眼烟云。

他宠着她们，仿佛一位真正荒淫无道的统治者，可他终究是清楚的，这些人不过是他以此麻痹人生、沉醉下去的工具罢了。他的人生已经是残破的锦上花，葳蕤蔓离里，光影过后，只剩虚无。

第六章

一江春水向东流

第一节
一波三折风浪起

都说帝王家没有真正的感情。为了利益，为了权力，为了上位，哪管亲情爱情，什么都可以放弃和背叛。丈夫可以抛弃结发的妻子，父亲可以毒杀亲生骨肉，就连兄弟情深、手足之义，在这个至高无上的家庭中都是十分罕见的。历经苦难才见真情，有时候，荣华亦是一种苦难。

君可见玄武门前，当兄弟的弑了长兄和幼弟，自古以来成王败寇，失败者失去的是性命，亦是青史上的地位。谁会记得当年李建成亦是一员骁勇善战的猛将，胜利者才是历史的真正主宰者，拥有至高无上的话语权。生在那个最高的家庭，或许能够拥有常人无法想象的荣华富贵，然而在这背后，同样要背负常人难以承受的诡谲权谋。哪个帝王是顺利登基，直至百年？通往王位的这条路，总是步步惊心，转眼间就可倾天覆灭。

虽然李煜坐上王位，比起许多需要靠自己血战方可成功的帝王，已是一帆风顺，但这条路亦是一波三折。上天并不管他是愿意或不愿意，只管推波助澜，将他送上那个位置。他被命运驱使着向前走的路亦是风险环伺，这诸多险境多数源于他的兄弟们。帝王之家，最缺少的当真是真情。

李煜的祖父李昪是南唐的开国皇帝，为了避免皇位之争，李昪极富先见之明地早早将长子李璟立为太子，李璟的皇位来得一帆风顺，等到李昪合上双目之后，就正式登基为帝。李璟是南唐的中主，他的众多姬妾在多年间给他生下了十个儿子，从长到幼，分别是弘冀、弘茂、从嘉、从善、从镒、从谦、从信。另外，在从嘉之前还有两个史书上找不到任何记载的孩子，或许那两个儿子是地位卑微的宫娥所出，因此无法载入家谱。

在这几个孩子之中，从嘉（李煜）排行第六。一开始，李璟并不在意这个孩子，他的孩子太多，出挑的不过就那么几个，何况他国事繁忙，父亲这个身份，在皇家素来淡薄，更多时候，他们眼中的父亲，不是寻常人家那种熟稔亲切的称呼，而是他们需要效命或博取欢心的君主。

特殊的关系，导致这个特殊的家庭并没有平淡而温馨的亲情，只有利益和利益的斗争、权力和权力的往来。在这样的家庭中成长，对李煜的人生产生了极大的影响。他生性柔弱，无意斗争，然而现实却容不得他一心淡泊荏弱，远离尘世。后来李煜害怕长兄弘冀的迫害，从而选择了自保，一方面是为了保护自己，另一方面退守亦是进攻。

早年，李璟并未打算传位给自己的孩子，而是将皇弟李景遂立为太子，打算将皇位传给他。然而，李景遂并非对皇位有野心抱负之人，屡次上书请辞，恳请李璟收回成命，除去自己的太子之位。无奈之下，李璟只好改立长子弘冀为太子，可是弘冀生性暴躁、果决凶残，并不是李璟心目中的太子人选，他更希望自己的接班人是一个温文尔雅、彬彬有礼的君子，进可挥军北上，退可守业自成。这位喜好文学的君王实在是同自己喜欢舞刀弄剑的长子找不到共同话题，于是长子的所作所为在李璟眼中样样可恶。李璟数次扬言："如果你日后依旧如此，我看还是让你的三叔继承皇位吧。"

虽然李璟如是扬言，但是否会废除弘冀太子之位，转而另立李景遂还是一个未知数。毕竟，李景遂只是他的弟弟，比不上弘冀，到底是他的血肉至亲。李璟顾惜着亲情，却没想到弘冀胆大妄为，气急败坏之下令人投毒于李景遂的饮食之中，生生断送了自己三叔的一条命。或许，当年李景遂屡次请辞，亦是在担忧弘冀心狠手辣，没想到，他依旧逃不过被毒杀的命运。

此事虽然轰动朝堂，举国上下都为此震惊，但依旧是不了了之。李景遂的尸骨放在灵堂之时，就已开始腐烂发黑，显然是中毒所致。然而，没人敢直言进谏，纵使众人都心知肚明谁是真正的凶手，只是没人会去触碰逆鳞。虎毒不食子，中主李璟素来文弱，又怎么会下令彻查此案呢？如同前文所说，目睹此事的李煜当时还只是六皇子从嘉，被吓得魂不附体，心有戚戚然，于是走上诗酒障目的道路。而看到皇室血肉相残的李璟真正明白了自己的长子才是一只没人约束得住的猛虎，他心灰意冷，越发不理朝政。

李璟无法惩罚自己的骨肉，上苍却代替无辜枉死的李景遂，令弘冀付出了他应有的代价。李景遂死后没过几年，弘冀便身染重病而亡。他还没当上他心心念念的皇帝，没有等到父亲李璟驾鹤西去，反倒是自己先一步而去，心中有再多的不甘心和怨恨也无济于事。如果他顺利即位，那么南唐绝不会是李煜统治之下的局面，或许南唐会在弘冀的横征暴虐之下，无形当中亡国；或许，弘冀能够振兴祖业，励精图治，成为一方霸主，将南唐的版图一直扩大到契丹以南。然而，他终究是没有成为王者的命运。

次子弘茂倒是温文尔雅，善于诗文，素来为李璟所喜。李璟一度对弘茂寄予厚望，希望这个清秀温和的次子可取代长子。可没等到李璟有所行动，弘茂就因病夭折，时年，他还只是一个十九岁的年轻人，未及弱冠，便阖然而去。

长子与次子先后病逝之后，李璟才真正将目光落在六子从嘉身上。实际上，他心知肚明，这个生性柔弱的孩子并不是能成大事、能担重任的，然而他心中还几分期望，或许从嘉在即位之后能够有所改变，毕竟他生带重瞳，正是帝王之相。阴差阳错间，从嘉便当上了太子，即位之后改名李煜，是为南唐后主。

李璟还有三个儿子，七子李从善酷似长兄，性情顽劣，素来不为人所管束，李璟对此很是头疼，可纵使取名从善，他也未曾从善如流。然而李从善擅长外交，李璟考虑太子人选时，他就曾让大臣钟谟在圣前推荐自己，未果后反而被李璟带着南下。李璟驾崩之后，他依旧蠢蠢欲动，想要取李煜而代之。李煜念在兄弟情分上不予追究，反而将他派到北宋为使节，长期居住在汴梁。可笑的是，兄弟两人在南唐境内多年未见，多年后反倒在北宋得以团聚，时年那日，他们皆是北宋的阶下囚。

八皇子李从镒和九皇子李从谦并没有什么出彩的人生经历，安分守己，平平淡淡，在南唐当着他们的富贵闲人。李从镒在南唐灭国后同李煜一起北上，改名李从浦，当了亡国奴，一生籍籍无名。李从谦则在南唐亡国之前就在一次战争中下落不明，是生是死，都成了谜。

这十个孩子都曾是南唐最高贵的皇子，最后却各自殊途，有的死，有的平凡地活着，有的善良，有的凶残，可是他们最后的结局都是成了国破家亡的亡国人，寄人篱下地飘摇在他乡别国。

当李煜回忆起这些兄弟时，心中可会有一丝淡淡的温情？记起幼时，他们亦是相伴着慢慢长大，为一份点心争吵过，也为春节里丰厚的红包一同欢喜过。毕竟他们是有着相同记忆的人，想到彼此天各一方，沦为阶下囚的李煜或许也曾感到萧瑟恻然。可李煜对兄弟们，扪心自问，他是无愧于心的，不论是千方百计想要除自己而后快的长兄弘冀，还是想方设法将自己从皇位上拉下来的从善，他都不曾伤害过。

他无心得到了他们梦寐以求的皇位，却要比他们承受得更多。他不怨、无悔，因为这不过是个人的命途，每一个人都有自己的人生。这是他历经风雨，终于在他国的残雪里明白的道理。

第二节
笔一支，纸一卷

风回小院庭芜绿，柳眼春相续。凭阑半日独无言，依旧竹声新月似当年。

笙歌未散尊前在，池面冰初解。烛明香暗画堂深，满鬓清霜残雪思难任。

——李煜·《虞美人》

坐于一个小小的庭院，翻开一卷久经尘埃的书。整座小院幽静无声，如同碧水中沉淀已久的清梦。没有袅袅茶香，没有紫砂的茶具，不过一杯凉水被阳光浸得温软，墙上藤蔓悠然徐行，末端偶然开出一两朵俏生生的小花，一直盛开到墨绿的秋千架边，而后街角上孩童的嬉耍声如同银铃般传来。这样温柔，如此静谧，总归是一人独好。

热闹固然极好，可一切繁华都会烟消云散，清静时才能回忆起清静的安好。这份清静并不需要谁来打扰，纵使是属于自己的记忆。有时，品味孤寂静默并非一件伤感的事情。人生总要尝过酸甜苦辣，总要以千姿百态去行走。无人打扰，独自静思，李煜总是极擅长的。

这首《虞美人》亦是如此。某年某月，年轻的君王推开记忆的重重心门，忽然间发觉，这座曾歌舞酒醉的院落不知何时生了蔓蔓的青芜。春风拂面，一如往昔冬残春回，旧日的风华依稀在侧，窗棂深处，仿佛还有丝竹声动人心魂，带着淡淡的相知之意。其实，行走在旧忆里的李煜是清醒的。花落了，还有花开，春去了，还有春回。人走了，却永远不会再回来。他追思，他留恋，他悔恨莫及……。

他总是能够用最深的情抓住最细微的感触，哪怕仅是心上一瞬掠过的孤影，转瞬倏忽。能抓住这样的感触，才能写出这样动人心弦的词句。所以，才有了他的不思量，自难忘；他的珊枕腻，锦衾寒，觉来更漏残；他的可奈情怀，欲睡朦胧入梦来。他的诗词是一坛历经千年的酒，沉醉了漫长的时光，迷醉了多少后来人，亦迷醉了他自己。

后人评说李煜的词清新脱俗，雅俗共赏。能够这样被人评价，盛名之下，绝然无虚。当时，他的词流传大江南北，被万人传唱。李煜的词除了音韵并重、容易背诵之外，更多的还在于其中有着别的词人无法触及或描摹的感触，总是能够深深地打动人心。一首佳作，不外乎是以情动人的，然而如何捕捉这种感情，然后淋漓尽致地将其描写出来，是很考验诗人功底的。可见，在这方面，李煜绝对是有资格交上一份完美答卷的。

多年后，时光沉淀而去，有一位名叫白朴的文人，为李煜写了这样一首词：

> **南郊旧坛在，北渡昔人空。残阳淡淡无语，零落故王宫。前日雕兰玉砌，今日遣台老树，尚想霸图雄。谁谓埋金地，都属卖柴翁。慨悲歌，怀故国，又东风。不堪往事多少，回首梦魂同。莫上小楼上，愁满月明中。**
>
> ——白朴·《水调歌头·感南唐故宫，就隐括后主词》

白朴用的是宋代流行的一种词体，叫作“檃括体”。这种词体的特征是按照词牌的特定韵律，对前人的诗文辞赋进行剪裁或改写，从而创制别开生面的新作。雕栏玉砌，春花秋月，都出自李煜的《虞美人》，用李煜自己的词来形容他的一生，是再恰当不过的。白朴对李煜的概括，亦是十分精准的。

李煜在写下那首如泣如诉的《虞美人》时，已经是北宋的阶下囚。曾经的一国之君沦为人身自由都无法掌控的囚徒，这种落差，不是一般人能够体会的。因此，可想而知的是，他的孤独失落，都远远超乎常人的想象。他在纸上写下：问君能有几多愁，恰似一江春水向东流。

从修辞的角度而言，他用了“夸张”的手法，但实际上，他的忧愁悲哀并不比东流的春水要少上多少。一夜华发生，一夜韶华去。作为一个生命体，在他短暂的数十年生命里，得到的、失去的、承受的压力和源于生命本体的沉重仿佛超过了人生所能承受的最大限度。然而，不管前路如何艰辛，不管自尊如何被践踏，李煜依旧接受了属于他的宿命。

人前，他是高高在上的南唐六皇子，随着时间的推移，他登上了那个金光熠熠的宝座，成为南唐万人之上的君王。最后，他告别一身荣华，成为北宋皇帝席间被炫耀的资本，失去所有的尊荣。可他看上去仍如当初那个风轻云淡的少年人，不惊不怒，荣辱自得。只是人后，他默然地承受了一切折辱伤害，将一切都付诸笔墨。很难想象，如若没有笔墨的拯救，这个苍白柔弱的少年是否在故事的最初就已经成为某个模糊的魂魄，一如他早逝的兄长，最终连姓氏都为人遗忘。

所以，从某种程度上而言，他专情投身的诗词文学世界，最终成为他遮风挡雨的盾，刀山火海里，烽火硝烟中，是那样的格格不入，又是那样的傲然屹立。那是他自我保护的一种方式，亦是自我拯救的一种途径。

他将他所有的悲伤痛苦，人生里的风风雨雨，都自笔中倾泻流淌。温柔的少年直至风雨飘摇的穷途末年，都在他的文字中黯然折射。人们所谓之感动和牵念的亦是他的一片真情，一份赤诚之心。

以亡国前后为分界线，他的词作可以分为前后两期。前期为亡国之前的作品，这一时期的作品中又可以分为宫廷宴乐之作，譬如《一斛珠》，这些作品大多软艳生香、浪漫风流，其中不乏他与后宫众多妃子的风流韵事。

同时还有恋爱之作，这是李煜写得最好的词作之一。他是一位执手笔墨世界的文人，当他坠入爱河时，也不忘记以文字记录，代表作有记录他和小周后恋情细节的《菩萨蛮》三首等。

此外，能够和前两者平分秋色的还有他的悼亡词，那是大周后逝世后的追思作品，代表作有《梅花诗》《病中感怀》等，字字哀切动人，如泣如诉。除却这三大类作品之外，剩下一些没有主题的作品，大约是李煜在无意中写下的，或者只是练笔之作，比如《秋莺》《送邓王二十弟从益牧宣城》等。

亡国后的作品分为亡国时和在北宋沦为阶下囚两个时期，前者不仅是李煜作品中字字珠玑的佳作，亦是研究其心理和当时历史的重要作品。其中得以流传的是《渡中江望石城泣下》《临江仙》等。

等到北宋南下的战船将李煜送回汴梁，李煜真正成为亡国之君、阶下囚，这一时期也是他人生中最灰暗残酷的时期。亡国的事实令他忽然从十年繁华梦中惊醒，伤痛追悔，可是他已无能为力。

此时的诗词，不免带上了沉重的宿命感，以及浓重的悲哀色彩。该时期，他的词作主要分为反映自己当时生活状况和追思故国的作品，都是他词作中大放异彩的部分。前者以《虞美人》《清平乐》等为代表作，深刻地反映了他尴尬凄凉的处境；后者中则有《浪淘沙令》《忆江南》等，回首前尘如同黄粱一梦，梦醒之后，只剩下两侧清冷，未免又是一晚辗转难眠。

《西清词话》里云："南唐李后主归朝后，每怀江国，且念嫔妾散落，郁郁不自聊，尝作长短句云'帘外雨潺潺……'含思凄惋，未几下世。"来到汴梁的李煜的生活虽然比不上在南唐时奢华，但北宋的帝王也并未在生活待遇上苛待于他，衣食住行，总归是不低的规格。然而，李煜并不是只求一夕苟且偷生之辈，尽管他生性温柔怯弱，文人的骨气却始终深藏在他的心底。如果他希望苟且偷生，安然而终，他是不会郁郁寡欢的，正因为他残存着几分骨气，想要挽回自己毁于一旦的尊严，所以他才会感到痛苦、寂寞、凄凉，以致郁郁伤怀。

帘外雨潺潺，春意阑珊。罗衾不耐五更寒，梦里不知身是客，一晌贪欢。独自莫凭栏，无限江山，别时容易见时难。流水落花春去也，天上人间。

——李煜·《浪淘沙令》

此时，他已经是背弃了三千河山的亡国之君，在宿敌的一念之仁里偷生。他夜半披衣而出，月色如钩，鸦声如墨，周围的空气依稀清冷，仍感受不到春日暖意。在千里之外的江南，或许在这个时节已是江花如火。他并不适合北地的气候，如同南归的鸟被滞留，无论如何，他总是这里毫无归属感的客人。说好听了是客人，可是有谁人不知，他不过是战俘和囚徒，客人总归有家可归，他却不得自由行。所有的繁华灿烂都已经落幕，如同他爱过恨过的一切，终将烟消云散。一切都已经离他远去，他的身侧唯有笔一支、纸一卷，不离不弃。他所剩下的也不过是这些了。月色里，白衣的中年人沧桑一笑，将所有悲欢付之一炬。

他不是一个合格的帝王，然而，他始终是一个合格且出众的文人。能够如此，亦是李煜不圆满的一生中唯一的圆满。

第三节
秋莺，天涯处流离

残莺何事不知秋，横过幽林尚独游。
老舌百般倾耳听，深黄一点入烟流。
栖迟背世同悲鲁，浏亮如笙碎在缑。
莫更留连好归去，露华凄冷蓼花愁。

——李煜·《秋莺》

从少年时期开始，李煜就是一个潜心钻研文艺的文人。有一句话说，一件事如果能够做上千次万次，就会成为那一行业的专家。何况，李煜有着得天独厚的先天条件。身在帝王家，他有了旁人无法企及的优厚待遇，而他的天赋，又给予了他独一无二的能力。

而这首《秋莺》，正是写于李煜的少年时期。彼时，身为南唐贵胄的少年，惶然不安地躲避着长兄的虎视眈眈，身侧相伴的唯有宣纸长笔、明月清风。他的心境便如同薄暮天气里的秋莺，在天涯四处流离，不知何日才能重返安宁。虽然年少，然而与生俱来的才华却令他仪表不凡、文采非凡。笔下流淌出来的华美词句有着盛唐的绮丽、中唐的气度，也有着晚唐的哀艳。

记得晚唐的李义山也曾写过一首《流莺》：流莺漂荡复参差，度陌临流不自持。巧啭岂能无本意，良辰未必有佳期。风朝露夜阴晴里，万户千门开闭时。曾苦伤春不忍听，凤城何处有花枝。同样的凄凉惨然，之于命运，他们都是手无寸铁的囚徒。

李义山写这首《流莺》时，已在宦海如同微尘沉浮了多年，而此时的李煜不过是未及弱冠的少年，那个金碧辉煌的宫廷令他心生忧惧，幽静清远的山河却令他心境柔软。在这里，他发现了自己的天赋，而后勤加练习，使这种天赋直至死亡都不曾褪色。江郎才尽的故事，之于他，不过是个故事。

诚然，李煜是漫长历史长河中一个不可多得的大艺术家。琴棋书画，他样样精通。仿佛命中注定一般，他又与同样造诣不凡的娥皇成为眷侣，一对璧人，在浓情蜜意的同时，吟诗作画，弹琴吹箫，更是为李煜的文学成就造就了良好的氛围。陆游在《南唐书·后妃诸王列传》里说："后主昭惠国后周氏，小名娥皇，通书史，善歌舞，犹工琵琶，至于采戏弈棋，靡不妙绝。"昭惠皇后娥皇，自幼熟读书史，擅长歌舞，尤其擅长弹奏琵琶，至于赏戏博弈，无一不精，无一不通。对于娥皇的介绍，最后不过凝聚成寥寥数语，然而，能够这样被大文人陆游评价的女子，试想，何等玲珑心肝的妙人啊。

可想而知，与娥皇共结连理后，李煜是生活在一片充满文学气息的环境里的，这给李煜文学细胞的培养创造了一片温软肥沃的土地。这位好学上进的贵公子，孜孜不倦地汲取着关于文学的一切：诗词、文赋、书法、音乐、绘画。在与艺术相关的天地里，他恣意遨游其中，像一个初出茅庐的孩子，对这个世界充满了好奇。

果然，这个文弱的少年成为中国文学史上难得一见的全才。全才并不一定是能文能武，在文学的天地里样样精通，亦是不凡，而李煜就成为这样的大才子。后世人们所能回忆起的南唐后主，并不只是那个文弱得只会吟诵“恰似一江春水向东流”的阶下囚，而是一个充满文学气息、近乎于传奇的帝子。

李煜的书法，最初学唐时柳公权的柳体，柳体偏瘦，端方而不失飘逸。后学欧阳询、虞世南等人，这些人都是楷体名家，风格端庄刚硬。学到此处，李煜的所学却为之一变，从楷体演变为行书，多学东晋王羲之、钟繇、卫烁等人。东晋的书法如同这个飘逸潇洒的朝代，同样清逸洒脱。而李煜最心仪的是王羲之的师父卫烁卫夫人的字体，这个书法史上的传奇女子擅长隶书、楷书、行书三种字体，娴静出尘，超凡脱俗，一如九天玄女，沐雨而生，灵秀而温婉。她不仅善于书法，对于书法理论也有着极深的研究，她的书法和理论都备受李煜推崇。李煜的书法也深受卫夫人的影响。

总结前人经验，李煜博采众长，独辟蹊径，形成自己独树一帜的字体风格。他的字体风骨瘦硬，风神俊朗，落笔时硬朗冷厉，因此被后人称为“金错刀”。这种笔法难学难成，却并不影响它在书法史上的地位。正如同李煜的书法作品，虽然已经遗失在漫长的时光长河里，但李煜依旧是一位饶有成就的书法家。虽说历史是胜利者的书写，史书上记载的并不一定就是事实，但是多方都有所记载的事情，大多是可以肯定的事实。南宋的陆游还曾在德庆堂遗址附近见到出自李煜之手的碑刻，可见李煜善于书法一事，并不是后人为了徒增其光辉而作出的杜撰，或是添油加醋的神化。

李煜不仅是出众的书法家，亦是一位才华卓绝的书评家和书法理论家。他曾对王羲之等书法家有着独到的评价：

> 善书法者，各得右军之一体。若虞世南得其美韵，而失其俊迈；欧阳询得其力，而失其温秀；褚遂良得其意，而失其变化；薛稷得其清，而失于拘窘；颜真卿得其筋，而失于粗鲁；柳公权得其骨，而失于生犷；徐浩得其肉，而失于俗；李邕得其气，而失于体格；张旭得其

法，而失于狂；献之俱得之，而失于惊急，无蕴藉态度。

——节选自李煜·《书评》

李煜认为，王羲之的书法影响深远，虞世南、欧阳询等人都深受启发，从而各得其长处，自成一派。有长处，自然也有短处，虞世南得王羲之的美韵，却失之俊秀豪迈；欧阳询得其力道，却失之温和秀美；至于薛稷、颜真卿、柳公权等人都有长有短。李煜的见解未必全然正确，却是颇有独到之处。这说明李煜并非仅对书法略有皮毛就妄下定论，相反，他是在经过长期钻研学习之后才得出结论的。

对于一位身处荣华富贵中的君王来说，这一点是难能可贵的。能够亲身实践，并且苦心修炼，这就是李煜不同于一般亡国之君的方面。他并不像那些为了满足自己的物欲而挥金如土、挥霍无度的君王，他也有欲望、有野心，尽管这些欲望、野心都是为了成全自己对文艺的热爱，可相比那些穷极奢华、横征暴敛而最终导致亡国的君王，李煜仍有一个值得原谅的理由。毕竟，他是怀着那样的赤子之心去虔诚专一地热爱着那些对他的江山毫无助益的事物的，天真而痴狂，犹如扑火的飞蛾。

时光翻覆，沧海横流。所有的是非对错和当时难以留下论断的犹疑，经过悠长流年的洗礼，几度樱桃红，几度芭蕉绿，都会水落石出、黑白分明的。曾经被等同于一般亡国之君的李煜，也被后人同情和追忆。他的文学价值被肯定和承认，而他的其他文艺成就也获得应有的地位。对于这点，那个早逝的君王应该是没有悔意的。他对这个古老国度的文学贡献显然是浩瀚而丰厚的，而他本人也是当得起“大艺术家”这个称号的。

第四节
凭栏处，长相忆

人在安静时，总是能回忆起许多往事。往事之所以成为往事，是因为那些匆匆而过的时光，一如被风吹着翻页的书卷。回忆里，有赧然，有欢笑，有哀伤，也有怅然。合拢记忆的瞬息，却总是有淡淡的忧伤划过眼角眉梢。一切都已经无法回头，空余满目苍凉与伤感。

犹记当年，红墙绿瓦，金碧辉煌，一把火潋滟了南方的天空，所有繁华都在滔天的火光里化为灰烬。一身凄凉的帝王站在火线之外，目光忧伤，滚烫的热风卷起他的衣袖，天际一片血红，如同一幕藏不住的悲剧。国破山河乱，宋军的铁蹄顷刻间压境而来，身为南唐君王的李煜一声令下，将内阁的所有珍藏付之一炬。他也有他的骄傲，宁为玉碎，不为瓦全。

多年苦心的珍藏，在烈火里渐渐灰飞烟灭。他的繁华，也在这场火里付之一炬。那一刻，已经预知了自己未来的君王是否有着一夕山河破乱的凄凉，后悔不曾刚烈了心骨，来一遭鱼死网破。他想起多年前自己曾写过一首诗，当时年少，世间种种，他还没有尝出酸甜苦辣，今日回忆起往昔，只觉得年少轻狂：

牙签万轴裹红绡，王粲书同付火烧。
不于祖龙留面目，遗篇那得到今朝。
——李煜·《题【金楼子】并序》

那时，他还年轻，指责南朝梁元帝萧绎在西魏兵马压境时将所有著作都焚毁。直至今日，他才明白当时萧绎的心境。如果一切委曲求全都无法换来南唐的苟且偷生，那么他也要让赵匡胤明白南唐并非一切都软弱可欺。北宋可以灭亡南唐，而灭亡之前，他可以让北宋从南唐能获得的利益再少一点。也或许，当时的李煜并没有想这么多，他纯粹是出于一个文人的气节，宁愿让所有心爱的文物都在火中消失，也不愿意它们落到侵略者的手中，成为他们耀武扬威的战利品。

那些艺术品应该被好好珍惜，妥帖安置，被灵魂宠爱包容，它们应该有着这样的宿命，而不是被掠夺之后肆意轻慢。因为他知道，这些艺术品都凝结着创造者的血汗，是智慧和思想的结晶。正因为他明白，所以他用生命热爱、珍惜着这些艺术品。从某种程度上而言，李煜并不仅仅是这些艺术品的收藏者，同样是艺术品的创造者和改造者。

对中国文化影响深远的文房四宝（分别为笔、墨、纸、砚），其发展历史中就有着李煜的一份功劳。南唐地处江南，有着得天独厚的地理条件，澄心堂出厂的纸和据说永不褪色的李廷墨和龙尾砚，都是南唐出名的特产。有着一位素来爱好舞文弄墨的君王，文房四宝在南唐得到前所未有的发展。早在中主李璟在位之时，这些特产的出产就有着专使掌管，李煜即位之后，更是在父亲打下的基础上扩大了规模，笔墨纸砚的加工生产都形成一定的规模。

其中，最闻名遐迩的就是澄心堂出产的纸张。在澄心堂纸出现之前，最受好评的是唐代女诗人薛涛所制的薛涛笺。薛涛笺以蜀地麻纸为原材料，加以精工细作，绘以花鸟虫鱼，染以花汁，色彩鲜丽淡雅，遂被人称为松花笺。后来，南唐黟县生产出一种光滑绵密的纸张，这种纸迅速代替了薛涛笺，在大江南北流传开来。彼时，恰逢李煜在澄心堂监工，于是李璟就将这种纸命名为澄心堂纸，定为皇家御用纸张，外人不得私自取用。

李煜对文艺的发展有着巨大的贡献，他以君王的身份推动了文艺的发展。这是他的爱好，某种程度上亦是他的生命，他以此圆满了他的人生。为了满足自己的爱好，李煜穷尽国力与人力。但实际上，纵使是在大周后在世时，身为南唐的君王，李煜的生活也是纸醉金迷的。这在他自己的作品中，也是有所证明的。

红日已高三丈透，金炉次第添香兽。红锦地衣随步皱。佳人舞点金钗溜，酒恶时拈花蕊嗅。别殿遥闻箫鼓奏。

——李煜·《浣溪纱》

已经日上三竿，然而繁华深处的人们还沉睡未醒。金炉里的烟缥缈而起，屡次似断未断，总有宫娥轻声而来，无声添上一缕青烟。锦绣绫罗的毯上凌乱地散落着锦衣红袍，似是一夜迷乱后的尾声。昨日繁华，依稀浮现。谁在歌舞，如莺如燕，谁的金钗滑落冰冷的地上，一声铿锵之后悄无声息，谁的花开得正好，连香气都恰到好处，似是能够一嗅解千愁。

这样的生活，之于寻常人家而言可谓是天方夜谭，然而日夜生活在这种环境中的李煜，已经习以为常。美酒佳肴，火树银花，之于他唾手可得。富丽堂皇的宫殿，吴侬软语，莺歌燕舞，沉浸在江南温柔乡里的后主几乎忘却了今夕是何夕。风月深处，酒不醉人人自醉。当年的李煜就是这样一位生活在纸醉金迷、花天酒地里的君王。他的才华成为记录繁华的工具，他的天赋亦染上了灯红酒绿的烟火气息，幸好他依旧有情、有心、有灵魂，他的诗词才未沦为徒有其表、毫无灵魂的作品。

风情渐老见春羞，到处消魂感旧游。
多见长条似相识，强垂烟穗拂人头。

——李煜·《柳枝》

《柳枝》的背后是一个凄婉动人的爱情传说。将军和爱妾因战乱而天各一方，多年尘霜满面后苍凉相逢，都已经无法回到最初。纵使长条似旧垂，也应攀折他人手。这首词写于李煜同宫娥庆祝重逢之时，当年他们也曾有过一段情，未久，阅尽繁华的李煜将这个轻如柳絮的女子忘却在身后。深宫如海，她却春心未死，一直温柔地等待着他不经意里的回眸。多年后，他们重逢于春深花事了的时节，她人老珠黄，而他依旧风华正茂。可当年，她是姿容无双的佳人，他还只是茅庐未开的少年。那段纯净而热烈的初恋，在故人老去的容颜前渐渐浮现，李煜感慨万千。

身为君王，他自然不可能说什么抱歉，弥补亦是无济于事。他已经有一个相知相许的恋人，眼中再也容不下他人，心中也放不下谁。他只是感叹她的痴情、时光的残酷。灯火阑珊，青藤渐黄。他将写着这首《柳枝》的扇面送给老去的女子当作纪念，化作她心中微渺而永恒的灯火。

诗酒风月里，烟火璀璨中，这个才华横溢的少年渐渐变成风华灿烂的青年，又逐渐走向薄暮苍凉的中年。时光将他丰厚、雕琢，也将他分崩、离析。凭栏处，长相忆。回忆起的又是哪段繁华的过往，哪些芬芳的花事，已经无人知晓，不过是一腔相思东流罢了。

往事和现时交织成一张绵密的网，网住了这个温柔的文人。醉后沉酣时，他或许有片刻的清醒，想起时下飘摇的山河，想起每日都生活在惶然不安中的子民，想起一水之隔正虎视眈眈的敌国，想起父亲逝去之前双眸之中的追悔和无奈。可岁月已沧桑，过往已无法回头。

第七章

胜在文学败在江山

第一节
铁蹄凌辱忍求全

公元970年，北宋出兵南汉，南汉末帝刘鋹拒不投降。赵匡胤勃然大怒之下，以潘美为桂州道行营都部署，朗州团练使尹崇珂为副都部署，兵分两路，各占东西包抄南汉。宋军先是攻破了南汉边防大城贺州，继而攻占了韶州、广州等地。宋军势如破竹，汉军无法抵挡。这是一场早被预知结局的战役，北宋正处于兵强马壮的国力上升期，而南汉国政腐败，国力衰弱，它就如同历史巨轮下的尘埃，轻易就被碾碎。

次年，果不其然，南汉宣告灭亡。这个持续了五个朝代的国家也不可避免地沦丧在宋军的铁蹄之下。而它的邻国南唐则在这场毫无悬念的战役中感到惶恐不安。狡兔死，走狗烹。这个显而易见的道理，令南唐的国主李煜明白，南唐的灭亡不过是时间问题。北宋那些年按兵不动，不过是在积蓄力量，养精蓄锐，等到他们伸出爪牙之际，这些微弱的国家，谁都无法从北宋的羽翼之下逃生，摆脱亡国的命运。

李煜清楚地看到，唯一可以与南唐并肩作战的南汉，也已经被北宋亡国。华夏大地上，只有一个南唐还苟且偷生，一息残存。但这样的偷生，能够持续到何时呢？李煜心有戚戚然，这种即将亡国的预知如同重重阴影，无声地笼罩在他的头顶，不祥而沉重。

对于南汉的灭亡，作为邻国的南唐始终保持了一种隔岸观火的态度，从未施以援手。这种态度让北宋的君王发现，这是一个软弱可欺的国家。于是，赵匡胤开始变本加厉，要求李煜派南唐官兵护送樊若水的家人渡江北上。这无异于对南唐上下的公开挑衅，因为这个樊若水不是寻常百姓，而是南唐叛国投靠北宋的奸细。赵匡胤下诏命李煜护送樊氏婆媳前往北宋的命令，显然是在挑战南唐的底线。

樊若水原是南唐一个屡试不第的书生，虽然自幼熟读四书五经，却不求甚解，时常闹出各种笑话。这样的人屡试不第也在常理之中，但他却认为是南唐君臣耽误了他的前途，自以为怀才不遇，决然叛国潜逃到北宋境内。机缘巧合，他潜逃到宋京汴梁，见到了宋太祖赵匡胤，又在他面前出了洋相，可却因祸得福，得了宋太祖的眼缘，宋太祖还将其原名樊若水改为樊知古。实际上，赵匡胤此举并非真心“爱才”，一方面是为了挑战南唐的底线，另一方面不过是觉得樊若水此人迂腐可笑罢了。

樊若水出逃北宋时，曾携带南唐边防地势的秘图。面见赵匡胤时，他特意将此图献上。此图已算得上南唐的国家机密，如此要图落在赵匡胤手中，无疑加强了北宋的军力，削弱了南唐的战斗力。赵匡胤见樊若水如此忠心，于是格外开恩赐了他一个舒州军事推官的位置。这个官位虽然低微，但也举足轻重，专门从事北宋谍报活动及南唐机密收集。熟知南唐国情的樊若水坐上这个位置，显然对于南唐来说，是有百害而无一利的。

舒州与樊若水的故里池州不过一江之隔，他的家眷在他叛国潜逃时都被留在家中，此时已被南唐看守软禁起来。南唐朝中得知樊若水叛国之后，举国沸然，愤怒之下上书要求李煜下令严惩樊氏家眷。李煜却百般担忧、前后顾忌，害怕北宋因此出兵南唐，只是下令软禁樊氏婆媳，却不曾作出处置。这却刚好给了赵匡胤一个契机，所以才有了那道丧权辱国的诏令。

虽然南唐已是北宋的属国，可实际上还是一个有一定自主权的国家，赵匡胤这道诏令，分明是无视南唐，将它当作一个任意欺辱的对象，因为他料定了李煜不敢轻举妄动，也不敢违背他的旨意。果然，李煜在接到诏令之后，虽然愤怒无比，却依旧无可奈何，最后只能忍气吞声地派兵将樊氏婆媳送出南唐境内。更令人愤然的是，李煜不仅将樊氏家眷送还，为了避免留下把柄，还将叛国者的家眷当作上宾款待，直至他们抵达北宋境内。

此事过后，赵匡胤越发看出李煜的软弱可欺，于是他更加嚣张跋扈，变本加厉地派出使臣，要求李煜献上南唐山水舆图。如果说前事还未曾关系到国家根基，但此事却直接关系到南唐的根本。自古以来，一个国家的详细版图，都是被严加看守、细心保管的。没有哪个国家的君王会将自己的版图拱手献上，这等于是叛国、卖国的行为。可是李煜为了安抚北宋，拖延亡国的时日，竟然亲自将舆图交给北宋使臣卢多逊。

卢多逊是北宋名臣，因精通书史、熟知地理而供职于北宋翰林院，是赵匡胤的心腹大臣。他对南唐的地理情况、风土人情了如指掌，得到这份舆图之后，更是对南唐上下心知肚明。这无异于是开门揖盗，亲手打开国家的大门，欢迎北宋来犯。

赵匡胤的狼子野心，李煜实际上是清楚的，早在大周后娥皇的丧礼上，赵匡胤就派了一个粗鄙之人前来给自己一个下马威。他知道自己日后必将无颜面对黄泉下的先辈，但是在强大的宋军面前，他懦弱了，他胆怯害怕了。他只希望在自己生命终结之前，南唐还能保持一个属国的地位。他因此无需面对暴虐血腥的战争，无需面对子民形形色色的面孔和目光，也无需被内心的挣扎煎熬得辗转难眠。

他处处退让，委曲求全，只希望赵匡胤能够看在他安分守己、不敢越雷池一步的份上高抬贵手，放过这个羸弱的国家，让这个国家自生自灭。他加大了对北宋的供奉，将南唐百姓的血汗凝结成一车又一车的财物，丰盈着北宋的国库。除此之外，李煜在政治上对北宋的臣服亦是全方位的，他不仅取消国号，还将南唐改名为江南，自己则自称为江南国主。而他的父亲李璟也不过是削去帝号而已。而到了李煜手中，南唐已处处透着一种穷途末路的腐朽气息。

岁月忽已晚。虽然传承到李煜手中的就是一副残破的江山，但若是当年的李煜能够励精图治，将眼光放得长远一些，与周围邻国结盟抗敌，强大自己的力量，北宋也未必是毫无忌惮的。但李煜终究是选择了苟且偷生，醉生梦死，这就意味着他成为亡国之君的命运将无法逆转。毕竟，历史上没有哪个亡国之君是精干有为的。一个国家的灭亡同其君王的选择是密不可分的。既然李煜选择了文学，那么政治就必然会为之牺牲。

第二节
珮声悄，晚妆残

东风吹水日衔山，春来长是闲。落花狼籍酒阑珊，笙歌醉梦间。珮声悄，晚妆残，凭谁整翠鬟？留连光景惜朱颜，黄昏独倚阑。

——李煜·《阮郎归》

这首词写于李煜的弟弟从善出使北宋被赵匡胤扣押之后。此时，南唐已对北宋俯首称臣。李煜放弃了国号，将中枢三省尽数更名，连封王的名号也一律降格为国公。就连他本人也放弃了君王的尊荣，每当北宋遣臣来见，他总是脱去一身黄袍，身着下臣所穿的紫衣前去面见。

一个君王做到如此地步，显然已放弃了自己所有的尊严、希望和名利。可赵匡胤并不满足，他胸怀天下，并不在乎这一点点唾手可得的快感。他倒情愿李煜宁为玉碎，不为瓦全，抱着必死的信念坦然与他一战。这样他师出有名，而且他知道自己必将马到成功。可李煜偏偏不肯从容就死。

于是，赵匡胤软禁了南唐使臣李从善，他是李煜的胞弟，扣留了他，就等于侮辱了整个南唐皇室。赵匡胤虽然并不苛待李从善，甚至专门安排了一座金碧辉煌的豪宅以供他休憩。然而，皇室族人这样被软禁在异国他乡，说出去当真贻笑大方。于是，李煜屡次上书，乞求赵匡胤将从善放还，赵匡胤却总是置之不理。从善被软禁在北宋，他的王妃家人却在南唐，失去了丈夫的王府就等于失去了主心骨，惶然失措的王妃苦求李煜出面想办法，却换来了李煜的一声长叹，他连自己都难保，更何况是从善呢。

然而，王妃的凄苦，在李煜心底留下了极深的印象，他几乎是感同身受的。而这首《阮郎归》，就是李煜以从善王妃的角度为出发点写就的。东风起，时光去。春去秋来，满地落花残旧。心中的忧愁无人可解，只能借酒消愁，最终却依旧意兴阑珊。身边没有那个人的陪伴，纵使是艳妆以待的容颜也无人可赏。妆容因此渐渐颓败，如花的容颜也在时光里逐渐枯萎，黄昏时分，只能独自倚靠着栏杆，愁肠百转。

留连光景惜朱颜，黄昏独倚阑。这种凄凉的心境，李煜所说的恐怕不止从善王妃，还有他自己。能够这样残喘偷欢的时日已经不多了，趁着最后的灭亡没有来临，就尽力过好每一天吧。

在软禁从善的期间，赵匡胤也并未放过李煜、放过南唐。他采用了反间计，通过兄弟二人除去了南唐名将林仁肇。林仁肇是南唐一员骁勇善战的勇将，在军民之中声望甚高，曾为南唐立下汗马功劳，在保卫南唐的战争中起到了关键作用。李璟封其为润州节度使，后来他又负命镇守武昌这个军事重地。李璟即位后，林仁肇屡次上书，为南唐出谋划策，愿意身先士卒，保卫南唐。他甚至上书李煜，希望他能够同意自己公然起兵反抗北宋，若是事成，李煜可一统天下，安然无忧，纵使失败，李煜也可上书赵匡胤要求平叛，进可攻，退可守。林仁肇忠心耿耿地为南唐思虑，连生死都置之度外，却换来了李煜一纸“不忠”的罪名，落得个身死国破的下场。

赵匡胤甚是忌惮林仁肇，于是故意在从善面前走漏风声，说林仁肇已然叛国，不日将和北宋里应外合，灭亡南唐。从善惊惧之下，将此消息秘密传回国内。当初三国鼎立时，诸葛孔明也曾用过反间计，熟读史书的李煜在收到密信之后，却未能看穿赵匡胤的阴谋，竟然赐林仁肇一壶毒酒，令其自杀身死。

自此之后，本来就国力衰弱的南唐又失去了一道屏障，赵匡胤再也没有了损兵折将的担忧，在他眼中，如今的南唐已经是一个可供北宋长驱直入而毫无反抗能力的弹丸之地。然而，纵使如此，赵匡胤也不肯将从善放回国。李煜对此无计可施，只能放纵心情于诗词当中，怀念兄弟，发泄不满。

玉斝澄醪，金盘绣糕，茱房气烈，菊蕊香豪。左右进而言曰："维芳时之令月，可藉野以登高。矧上林之伺幸，而秋光之待褒乎？"余告之曰："昔时之壮也，情盘乐恣，欢赏忘劳。悁心志于金石，泥花月于诗骚；轻五陵之得侣，陋三秦之选曹。量珠聘伎，纫彩维艘。被墙宇以耗帛，论邱山而委糟。岂知忘长夜之靡靡，累大德于滔滔。怆家艰之如毁，萦离绪之郁陶。陟彼冈矣企予足，望复关兮睇予目。原有鸰兮相从飞，嗟予季兮不来归。空苍苍兮风凄凄，心踯躅兮泪涟洏。无一欢之可作，有万绪以缠悲。于戏！噫嘻！尔之告我，曾非所宜。"

——李煜·《却登高赋》

李煜这首诗赋淋漓尽致地抒发了自己对胞弟从善的思念之情，同时，他也怀念其他因命运而逐渐疏离的兄弟。身在异乡为异客，每逢佳节倍思亲。想必身在北宋的从善，虽然衣食无忧，但也是如同自己这般，深深地思念着故乡和亲人，还有他所熟悉的江南草木吧。

挥笔纵横的李煜，此时此刻，心中不曾想到，他的这种思念在不久的将来就会消散于无形，而他再也不能在自己的国土上见到分散的胞弟，他们将重逢在异国的土地上。而那时，南唐已永远地消失在这片土地上，他们都成为敌国的阶下囚，相对相望，不过发出一声徒然的哀叹。

第三节
春半落梅生离恨

岁月催人老。又是一年秋去春回，又是一年花飞花谢。太多世事在匆匆时光里变成遥不可及的过去。时光在老去，流年在消逝，但唯一不变的是，只要时光在，谁都还有梦想和希望。

希望是一个绿色的词，是春天的田野，绿茵如织，漫山遍野。让这个词充满心底的人，不论生活带来多大的失败和挫折，他都是自己的赢家。可希望不是凭空而来，也不是等待得来的。如果不曾为之付出汗水和心血，那希望最终只是一抹苍白的心绪。

我想，李煜是不懂的。尽管他懂得春花秋月的美，懂得莺歌燕舞的繁华，懂得琴棋书画的暗香，可他终究是不懂的，他有希望，却从来不指望将希望变成现实。我不知道在最后的岁月里，他是否曾在哪一个瞬间领悟到、明白过，然而，我情愿他至死都不悔不悟，无知的人，总有几分快乐。

纵使幡然悔悟，可当一切都已尘埃落定，那瞬息的清醒换来的悔恨又有何用？不如无知无觉，继续在书山墨海里逍遥。

别来春半，触目愁肠断。砌下落梅如雪乱，
拂了一身还满。雁来音信无凭，路遥归梦难成。
离恨恰似春草，更行更远还生。

——李煜·《清平乐》

李后主的词总是清秀典雅，如同宫装的仕女，一身幽香，翩然行走于红尘里，却不染雪色。这首写于胞弟从善被扣押之后的词，有泪、有愁、有伤。多情人总多心痛，他用笔墨将自己的悲哀言明，那样沉重的悲伤，仿佛字字都带着这多情君王的泪。

实际上，他所祈求的不过是一份安宁，以及上位者的一丝怜悯。他希望以泪水和诗情打动那野心勃勃的帝王。人为刀俎，我为鱼肉。他有着为人宰割的认知，却从未采取过任何行动来改变自己的处境。他难道不曾想过，一将功成万骨枯，一位一心统一天下成就霸业的帝王，又怎么会因对方的眼泪和乞求而有一丝半毫的退让？李煜的卑微和乞求，只会让赵匡胤步步紧逼，到处挑衅。

公元 974 年，也就是北宋开宝七年，后主李煜热情地接待了赵匡胤派遣的两位使臣，但这两位使臣却带来了一个令李煜手足无措的消息——汴梁的“礼贤宅”已经竣工，赵匡胤希望李煜能够前往汴梁观礼。这就不得不提到赵匡胤的意图了。刚开始，赵匡胤并不想对南唐动武，毕竟一场战争付出的代价不是轻易能够承受的。他希望李煜能够识趣地自己放弃一国之主的位置，乖乖地做一个降臣，像末代吴越王一样，不费一兵一卒就纳土归降。如能这样，对于赵匡胤而言，自然是再好不过了。

为了表示自己的仁厚大度，赵匡胤特意在汴梁的上好地段修筑了一座金碧辉煌的宅子，取名“礼贤宅”，意为自己是一个礼贤下士的帝王。这座宅子十分华丽，其内小桥流水、飞檐画壁比比皆是，既庄严宏伟，又充分考虑到李煜的心情，充满了江南的意趣。“礼贤宅”竣工后，犹如一座皇宫之外的宫殿，令人赏心悦目，那仿佛不是囚禁降臣的金笼，更像是李煜在汴梁的一所行宫。

如果李煜像吴越王一般，像其他一些只要自己能够尽享荣华富贵，百般诸事皆可尽数抛却的国主一样，那么放弃南唐，生活在汴梁的他必然会受到上宾的礼遇。尽管李煜从未做过任何改变处境的努力，他却不愿真正成为一个亡国之君。

他知道，这举足轻重的一步一旦跨出去，他要承受的不仅是青史上的骂名，还有自己内心的挣扎和煎熬。如果说他看不到后人的鄙夷，自然不会为之难过，但良心的痛苦才是最难以承受的。他终究是传统的中国文人，哪怕再不忠不义，也有着几分铮铮傲骨。

李煜心知肚明，赵匡胤此时的仁厚只是为了尽快让自己纳土入朝，一统天下。对此，他采取了拖延政策，既不出口应承自己会尽快前往汴梁观礼，也不断然拒绝。面对李煜的躲避，赵匡胤则派了使臣梁迥前去南唐传旨，想强迫李煜以“降臣”的身份陪同赵匡胤进行祭天大典。如果李煜不肯前往，梁迥就决定趁李煜给自己送行之际，强行将他带回北宋。

在南唐君臣的齐心协力之下，李煜借病不见，梁迥的阴谋未能得逞。然而赵匡胤并不在乎一次两次的失败，他要的是最终的结果。未久，赵匡胤再次派使臣李穆邀请李煜前往汴梁。由于上次称病的借口无法再次使用，李煜于清辉殿中接见了那位趾高气扬的使臣。尽管李煜对李穆处处以礼相待，用上宾的待遇宴请这位使臣，但这次会晤还是在双方的不悦中不欢而散。

李穆仗着自己的身份，对李煜口出狂言，十分不敬。尽管如此，李煜依旧忍气吞声、以理服人，婉言谢绝了赵匡胤的“邀请”。李穆在愤怒之下，公然出言威胁李煜，如果他再不就范，北宋就会出兵南唐，那时候南唐就将土崩瓦解、溃不成军。对方的狂妄令再三退让的李煜也心生不悦，他终于正面回应自己是绝不会前往汴梁当一个降臣的。就算非要兵戎相见，他也要为了这残破的南唐江山而战，绝不会主动向北宋俯首称臣。

话已至此，双方都无话可说，李穆当即离开南唐返回北宋，向赵匡胤禀报此行结果。与此同时，李煜终于表明了自己的态度，当着南唐上下臣子的面，立誓自己将会为南唐而战，绝不会成为北宋的降臣。“他日王师见讨，孤当躬擐戎服，亲督士卒，背城一战，以存社稷。如其不获，乃聚宝自焚，终不做他国之鬼。”铮铮的誓言掷地有声，一如先祖的气骨血性在李煜身上重生。这句话虽然来得太晚，但还是给了臣子们莫大的信心。

有人说，世界上最了解彼此的，不是父母，不是爱人，不是兄弟，而是对手，这句话在赵匡胤和李煜身上同样适用。当赵匡胤听到李煜的“誓言”之后，这位胸怀天下的帝王并不以为然，他笑了笑，说：徒有其口，必无其志。显然，经过多年的试探和斗争，赵匡胤已经看出李煜在文学上虽能纵横一世，但身为君王，他却绝不是一个合格者。他日，当李煜坐上前往汴梁的舟，望着已经改姓的半壁河山，他会明白，赵匡胤所说的是正确的，而他当日的誓言，不过是在无计可施之下的孤注一掷。他依旧未能践诺，为自己的江山勇敢地、光荣地流淌鲜血，直至付出生命。

第四节
繁世落寞无声寂

晚雨秋阴酒乍醒，感时心绪杳难平。
黄花冷落不成艳，红叶飕飗竞鼓声。
背世返能厌俗态，偶缘犹未忘多情。
自从双鬓斑斑白，不学安仁却自惊。

——李煜·《九月十日偶书》

阴冷的夜，苦雨缠绵在梧桐间，一声声，一叶叶，如同女子在哀婉哭泣。夜晚宫深，持灯的宫娥都已露出倦色，一身白衣的男子却依旧埋首疾书，紧缩的眉目之间尽是萧索哀愁。笔端流淌而出的是一纸的愁绪，是轻薄的澄心堂纸张载不动的愁绪。

是的，李煜给我，或许大多数人的都是这样的印象：单薄、清瘦、柔弱、哀愁。而体现在他诗歌当中的也是这样一个形象。他的眉宇总是解不开，他的眼眸总是充满了惆怅。那些年少轻狂、肆意逍遥的时光，仿佛他从未经历过，他像是从开始生命的那一天就背负上了痛苦和悲伤。

这种苦难，在南唐亡国的前期开始最后的摧枯拉朽。以上《九月十日偶书》中所体现出来的负面情绪，在这段时期到达了极致。即将亡国的阴影如影随形地跟在李煜的身后，他感到一种令人窒息的沉闷。他开始害怕睡梦，害怕孤单，害怕独坐。唯一解脱的途径就是大量地饮酒、寻欢。可是，人在短暂的狂欢过后总会醒过来，于夜深时分被窗外的鸦声惊醒。

四周一切都是静的，连一缕呼吸的声音都显得格外突兀。枕畔的小周后酣然入眠，可她的双眉也是微微皱着的，或许，她亦是担忧无限，只不过从未在他的面前流露半分。爱是他的救赎，可是当爱也变得沉重时，他不知道自己该何去何从。他忧愁悔恨，试图力挽狂澜，可是连他自己都无法相信局势将会因他的决定而有任何改变。或许，唯一改变的只是他自己。

南唐的探子回来禀告说，赵匡胤已经开始训练水师，想要将南唐收归囊中。南唐虽然国力弱小，但地理状况十分险要，不仅有重山做屏障，还有长江做天然的机关，想要令大批军马渡过长江而无一折损，并不是一件容易的事情。当赵匡胤还跟着周世宗柴荣南征北战时，就已意识到这一点。因此，当他决定征讨南唐时，率先要训练出的就是一支精良的水师队伍。

北宋开宝七年九月（974年），这场毫无悬念的战争终于拉开了帷幕，赵匡胤以曹彬为西南面行营马步军战棹都部署，挂帅出征。这个消息传到南唐的深宫之中，正沉溺在酒色之中的李煜忽然明白好日子终于要与自己诀别了。一时间，他惶惶然，不知该如何是好。

与李煜形成鲜明对比的是赵匡胤的进取，在出发之前，他面对三军将士三申五令：对南唐百姓，绝对要秋毫不犯；对于南唐的皇族，也应该礼遇有加，绝不伤害。他要的不止是一方土地，还有天下的人心。面对此次南征，赵匡胤精心制定了整个计划，他以颍州团练使曹翰为开路先锋，率精锐水军和骑兵重创并震慑南唐沿江守军。随后，主力兵分两路进发：一路由主帅曹彬亲自指挥，并由侍卫马军都虞侯李汉琼和贺州刺史田钦祚率部分舟师和步骑，自蕲州入长江顺流东下；另一路则由山南东道节度使潘美任指挥，同时由侍卫步军都虞侯刘遇、东上门使梁迥率步骑舟师，乘战船从汴梁水东门启程，沿汴水入长江。然后两路兵马在池州会合，由此从西向东进逼金陵。另外，赵匡胤还授末代吴越王为东南面行营招抚制置使，并以内客省使丁德裕为监军，沿太湖进攻，与前面两支队伍密切配合，对金陵形成两面夹击之势。

显然，对于李煜而言，这是一次无比艰巨的背水一战。面对赵匡胤南下的大军，南唐同时采取了防御和求和两条道路。一方面，南唐将大量军力派往长江，希望能够阻挡宋军的行进；另一方面，南唐又向北宋主动上贡大量财物，乞和求宁，希望借此打消赵匡胤南征的念头，继续保住一方太平。然而，这次求和却失败了。枕畔之处，哪里容得下他人酣睡。赵匡胤想要吞并南唐、完成大业的野心是积蓄已久的，不论李煜是主动纳降或是有所反抗，都不会改变赵匡胤的野心。

此时，南唐上下纷纷为救国而向李煜进谏，其中，就有池州郭昭庆建议李煜不要过分相信长江的力量，而要对池州等要地加强兵力。而在当时，为了突破长江，赵匡胤就地取材，攻下池州等地的采石场，在长江上搭建浮桥，以渡兵力。这些中肯的建议，却被李煜一笑置之。他以为，自古以来素有“天堑”之称的长江并不是赵匡胤修建一两座浮桥就能够攻下的。于是，金陵城里，繁华依旧，繁华到所有的人都以为宋军的进攻不过是一个遥远的传说、一个虚伪的谣言。可明显的是，李煜过分高估了长江，也过分低估了宋军的能力。

等到宋军已经渡过长江的消息传来，李煜才明白，自己的相信有多么可笑。当他坐在深宫之中享受最后的荣华时，宋军已悄无声息地从长江以北抵达南唐境内。终于到了紧迫的时刻，这位一向懦弱退让的君王也挽起了衣袖，决定进行最后的死战。这并不是李煜自愿的，这更像是他在毫无退路的情况之下无可奈何的抉择。既然已成定局，还不如殊死一战，好歹在史书上也留一个为国蹈死的名义。

李煜将澄心堂定为军机重地，特设“内殿传诏”，只准为数有限的重臣参与决策。这其中，除了心腹谋士徐游、徐辽兄弟之外，还有谋划军国大政方针的陈乔、张洎等人，另外还有操持落实者吏部员外郎徐元、兵部郎中刁、负责前线战事的新任“神卫统军都指挥使”皇甫继勋。李煜又命镇海军节度使郑彦华为主将，遴选精锐水师二万人乘战船西进；另以天德都虞侯杜贞为副将，率领步骑军一万五千人在长江的南岸向西行进。

李煜这是意在水陆两军密切配合，进兵采石场，抵挡宋兵，挽救国家。出师之日，李煜亲自在江岸为唐军执酒壮行，殷殷叮嘱郑彦华：“二位爱卿要鼎力合作，互为表里，精诚协力迎击宋师，我朝成败在此一举。望尔等深解朕意。”郑彦华信誓旦旦地回答：“臣遵旨效命沙场，粉身碎骨在所不惜。”不想郑彦华却是叶公好龙之人，当他指挥的战船溯流而上接近采石场时，刚与曹彬指挥的田钦所部小试锋芒失利，便怯阵而拥兵不前。副将杜贞虽然竭力按照约定的计划行动，也就是当宋军沿浮桥南进至江心的时候，唐军发起攻击，浴血奋战，但终因主将郑彦华按兵不动而延误了战机，杜贞只得孤军奋战，唐军伤亡惨重，被宋师打得溃不成军。

首战败北的消息很快传回金陵，李煜如感晴天霹雳。这场战争的严峻性，似乎超出他可以承受的范围。既然已经无力回天，还不如尽力一搏。他公然与北宋决裂，废弃了北宋年号，暂时以天干地支为记时，南唐上下一齐抵御宋军。然而，这已经太晚了。所有可能挽回的机会都与南唐擦身而过。

这个曾经物华天宝、安居乐业的国家终因政治的落败、力量的衰弱、国君的昏庸无能，即将消失在华夏大地上。这在历史的发展轨迹中是一种必然。

然而，一个国家的灭亡，不论是出于什么原因，都是令人唏嘘的。那国家曾有过繁华盛景，也有过灿烂文明，还曾民心向背，充满威望。只不过，终究历经璀璨后无声寂灭，消失在泥土尘埃里。起起落落，虽然无法阻挡，但世人对它的情怀，总归不能风过无涟漪。

第五节
半梦半醒终成劫

当噩梦忽然之间成为现实，血淋淋地出现在眼前时，任谁都希望这只是一个梦而已。如果只是一个梦，无论再重复多少次，都有清醒的那一刻。但李煜的这场噩梦却再也没有梦醒的机会。

城楼风高，城下的铁骑暗黄了不远处的天空，李煜定睛看去，遮天蔽日的军旗覆盖了自己的土地，而他们身后的江流上还停泊着无数战船。如果这些都是属于南唐的军队，那该多好啊。只可惜，所有的旌旗上都飘扬着一个刺眼的“宋”字。直至此刻，李煜才明白，自己的这个噩梦已经走到终点，而另一个更加残酷的噩梦才宣告开始。

他踉跄着走下城楼，步履沉重，神色悲哀。他想，或许这一次就是永劫了吧。可就在不久之前，他还满怀希望地在萧萧的秋水之畔为他的军队送行，希望他们能够带回胜利的消息。这些年来，当年为南唐立下汗马功劳的老将纷纷离世，震慑一方的老将林仁肇也因赵匡胤的反间计而枉死黄泉，李煜屡屡自毁长城的作为，使得战争一开始，南唐就面临无将可用的尴尬境地。

最后，李煜无奈之下只能任用年轻将领出战，其中皇甫晖之子皇甫继勋就在此战中起到至关重要的作用。皇甫继勋曾经随父参加过滁州大战，却因在阵前贪生怕死而遭到父亲的责打，他的父亲却因此战身死。皇甫晖战死后，中主李璟顾念他为国身死，对其遗孤加封进爵，荣宠有加。皇甫继勋因此仗着家世飞扬跋扈，恣意妄为，挥金如土，自辱门庭。

李煜在情急之下，任命皇甫继勋为守城重将，显然是一步错棋。南唐多年都是以重金求和，将士们已多年未战，身娇体贵，打起战来自然软弱无力。主将皇甫继勋则骄奢淫逸，为保住自己的荣华富贵，不惜动用手中权力敛财，招募新兵时百生名目，导致招募进来的新兵素质低下，根本担不起保卫家国的重任。战争开始之后，皇甫继勋在指挥中同样犯了贪生怕死的老毛病，指挥不当，致使南唐很快丢掉了军事重地采石场，那是南唐的最后一道防线，宋军攻占采石矶后，挥兵金陵指日可待。

在这场力量悬殊的战争中，也出现不少愿为南唐决一死战的军民，其中就有统军使张雄父子。张雄父子八人都是南唐军中猛将，他们原来负责镇守袁州、汀州等地，当宋军挥师南下时，他们本可以选择离开南唐，但当张雄得知金陵告急的消息后，毅然决定北上勤王。父子八人一同北上，途经溧阳，遇上宋军，八人都在血战里大无畏地为国捐躯。这些英烈的事迹传到李煜耳中，或许他会因此感到羞愧难当，但不论李煜心里何等惭愧，南唐的国势到底已经无力回天了。

李煜和南唐面对的不仅是一个异常强大的国家，还有南唐的种种弊病：政治的腐败、军队的无力、国军的软弱，以及百姓的水深火热，如此种种都将导致这个国家走向穷途末路，土崩瓦解。

同时，李煜的识人不清，也令他遭遇前所未有的困境。皇甫继勋在战败之后，依旧向李煜隐瞒了惨败的战况，令李煜误以为宋军暂时还不能攻占金陵。殊不知，那时宋军已渡过长江，屡战屡胜地占据了南唐境内的大多重镇。而北宋潜伏在南唐宫中的小长老，多年来深受李煜宠幸，此时也对李煜报喜不报忧，以佛法麻痹李煜，令李煜对自己转危为安、化险为夷的命运深信不疑。这导致李煜沉溺在这种幻想中不可自拔，纵使南唐上下都身处水深火热之中，也无法让李煜警醒。这个扶不起的阿斗，更加愿意在佛法中寻求宁静和安慰。

而宋军却在南唐的无力招架中越战越勇。主帅潘美身先士卒，第一个冲向战场，这种行为极大地鼓励了宋军的将士们。宋军势如破竹，很快就逼近金陵。李煜做了多年的噩梦，终于在此刻成为现实——宋军的兵临城下，令他迅速意识到自己多年来过着一种怎样的生活。他在惶然失措中下令将皇甫继勋等人斩首示众，就算南唐最终都要失败，但这些人却是南唐这样快就崩溃瓦解的罪魁祸首。此刻，李煜终于清醒过来，这种清醒付出的却是极其惨重的代价，而这个代价的名字就叫作亡国。

皇甫继勋多年来横行霸道，在战争时又暴虐昏庸，甚至公然迫害爱国人士，这些行为早已让民间对他恨之入骨，因而没等皇甫继勋被施以极刑，周围的士兵卫军们就对这个人拳打脚踢，送他归了西。这些事情令李煜看到了最后的希望——还是有子民站在他这边的，还是有人并不希望这个国家就此灭亡的。于是，他最后下令各地守军前往金陵勤王。

这是李煜最后一次努力，尽管后来的事实证明这依旧是徒劳的，但那时李煜的内心一定是充实的，他的灵魂也不是苍白的。

第八章

亡国之恨长悠悠

第一节
一心自持哪堪忧

臣猥以幽孱，曲承临照，僻在幽远，忠义自持，惟将一心，上结明主，比蒙号召，自取愆尤。王师四临，无往不克。穷途道迫，天实为之。北望天门，心悬魏阙。嗟一城生聚，吾君赤子也；微臣薄躯，吾君外臣也。忍使一朝，便忘覆育，号咷郁咽，盍见舍乎？臣性实愚昧，才无异禀，受皇朝奖与，首冠万方。奈何一日自踵蜀汉不臣之子，同群合类而为囚虏乎？贻责天下，取辱祖先，臣所以不忍也。岂独臣不忍为，亦圣君不忍令臣之为也。况乎名辱身毁，古之人所嫌畏者也。人所嫌畏，臣不敢嫌畏也，惟陛下宽之赦之。臣又闻鸟兽微物也，依人而犹哀之，君臣大义也，倾忠能无怜乎？倘令臣进退之迹不至丑恶，宗社之失不自臣身，是臣生死之愿毕矣，实存没之幸也。岂惟存没之幸也，实举国之受赐也；岂惟举国之受赐也，实天下之鼓舞也。皇天后土，实鉴斯言。

——李煜·《乞缓师表》

这篇文章写得可谓文采风流、感人肺腑。这些文字，有着李煜一贯以来以情动人的特点。他在其中将自己摆在了一个极其卑微的位置，近乎低入尘埃地恳求赵匡胤高抬贵手，放过南唐。只要宋军撤回，他做什么事情都心甘情愿。

他特意以江南才子徐铉为使臣朝见赵匡胤。对于徐铉的来意，赵匡胤自然是心知肚明的，不论李煜如何苦苦哀求，他都已经在心中打定主意，绝不会撤回北上，但对于名满江南的才子徐铉，这位素来爱才的帝王还是颇感兴趣的。

徐铉对于求和一事，竭尽所能，希望能够说服赵匡胤。他口若悬河，舌灿莲花，将李煜描述成一位仁厚爱民、喜好和平的君王，更是一位博学多才、精通诗词的文人。赵匡胤微微一笑，开口道："既然如此，那请徐先生背诵你们国主几句佳句可好？"

徐铉背诵的是李煜的《三台令》，其中有两句是：月寒秋竹冷，风切夜窗声。赵匡胤却讽刺说这两句不过是寒士语。徐铉忍不住反唇相讥，请求赵匡胤也说说自己的寒士语，赵匡胤欣然应允，朗声吟诵出四句咏日诗：欲出未出光辣达，千山万山如火发。须臾走向天上来，赶却流星赶却月！

如果两诗比的是文学艺术，后者跟前者当然是无法相比的。但徐铉一听，就明白自己落入了赵匡胤的圈套。前者跟后者相比，实在过于委婉柔弱、清秀雅致，比不上后者气势开阔，有泱泱的王者之气。徐铉在这一回合中败下阵来，只能旁敲侧击地指出宋军此次出征师出无名，纵使胜了，亦是胜之不武。赵匡胤听罢后怒不可遏，厉声道："卧榻之侧，不容他人酣睡！"既然对方如此将自己的野心赤裸裸地挑明，徐铉也无话可说，只能回到金陵，向李煜禀报说南唐到底已是无力回天。

宋军节节逼近，常州、润州……一个个军事重镇都宣告沦陷，甚至有深受李煜信任的将领带头投降宋军。在这种情况下，李煜是又惊又怒，却又无可奈何。乞和无望，南唐又频频失守，他只好将希望寄托在南都节度使朱令身上。朱令此人，血气方刚，身材高大，虎背熊腰，又争强好胜。林仁肇死后，朱令便接替他成为镇南节度使。他手中的十五万大军是南唐兵力最为强盛的军队。李煜除了将最后的一线希望寄托在他身上外，别无他法。

朱令当机立断，开始训练水师，挥兵北上，同其他几支勤王军会合。很快，朱令北上首战，旗开得胜，占领了湖口，而后决定调南都留守柴克贞，令他带兵移镇湖口，作为大军的后盾和后备。可是柴克贞未能及时前来，朱令怕贻误战机，只好忍痛放弃要塞湖口。临行之前，他与指挥舟军的战棹都虞侯王晖密议，针对当时隆冬枯水季节，巨舰不易在近岸浅滩航行的情况，准备以数百艘大筏载重开道，顺流直下，以雷霆万钧之势猛烈撞击采石浮桥，切断宋兵南下的通道，赢得时机，确保战船东进，以解金陵之围。

他的计谋原本十分缜密，然而却被曹彬的暗探得知，回报赵匡胤。赵匡胤下令王明派水师在朱令进军方向下流的洲渚间布满高大木桩，破坏南唐水师的行动计划。一时间，宋军在暗，唐军在明。对于唐军的计谋，宋军了如指掌，而宋军的行动，朱令却一无所知，依旧决定采取原定计划顺流而下。唐军载着火油顺江而下，原想冲破宋军防守线，没想到风向忽转，大火转而烧向唐军的船只。由于江流之中布满木桩，唐军寸步难行，一时间江上火海烈烈，惨呼一片。胜败已成定局，朱令自感愧对李煜，遂投江自尽。

这场火烧尽了最后一支力量强大的唐军，烧破了唐军的防守线，也烧完了李煜最后的希望。他终于认命，不再做困兽之斗，颓然沉默。他对着祖辈的灵位忍不住失声痛哭。如今这一切或许都是命里的因果，他必然要经受这样的失败和痛苦，承受这残酷的命运。

宋军已在金陵城下重重盘踞，这座昔日繁华如梦的城池，在战争烟火的熏燎之下显得那样彷徨萧索。谁家玉笛暗飞声，凄凉的笛声静默萦绕，这座城池里的人们谁都没有说话。他们都不知道，他们的明天会怎样，又有什么在等待着他们，这其中也包括红墙绿瓦里落寞的君王。

第二节
国破家亡山河在

江南可采莲，莲叶何田田。每次想起这句诗，总会浮想起那盛夏里的江南。接天莲叶无穷碧，映日荷花别样红。总有那么多诗人用妙笔留下那些风情。璀璨、骄傲、明艳、温婉、柔软、朦胧……那么多美好的词汇，仿佛都可以用在同一个江南身上。我想，这是一个值得所有人留恋和向往的地方。

李煜亦是深爱着这片土地的。他在诗词中写道：遥夜亭皋闲信步，乍过清明，渐觉伤春暮。数点雨声风约住，朦胧淡月云来去。桃李依依春暗度。谁在秋千，笑里轻轻语？一片芳心千万绪，人间没个安排处。（李煜·《蝶恋花》）

词中写的总归是江南的风景，清明谷雨，桃李争春，朦胧的月色和朦胧的雨雾，染几分仙气，飘飘然的。

他是最典型不过的江南人。江南的云和雨，最容易孕育出温柔秀气的男子，眉目温和，性情宁静。他亦是忧愁的，如同江南连绵不尽的雨水，在漫长的梅雨时节里堆积了汪洋的哀伤。这样的人离开了这片土地，就如同魂魄脱离了肉体，桃花脱离了枝头，再繁华璀璨，亦是索然无味。

在汴梁的李煜，最终再也没有写出“人间没个安排处”那样清新婉约的词句。人间的万千风景虽好，汴梁也别有风韵，豪宅更是有通幽的曲径和明珠般的流水，可那些独独不是他生活了大半生的江南。此后，他魂牵梦萦，勾勒梦乡的模样，可他写的最多的还是满满的伤感，愁绪不解，愁眉不展。

那年的农历十一月，天气寒冷，已近新春，金陵古城却再也没有即将过年的气氛，整座城市都陷入即将亡国的惶然和伤痛里。城外的宋军已经做好攻城的准备，主帅曹彬派人通知李煜，希望他不要再做无谓的挣扎，尽早投降北宋，他依旧可以享受尊荣和富贵。

李煜痛定思痛，令长子仲寓前往汴梁请降，自己依旧在深宫之中闭门不出。曹彬再度敦促，李煜依旧拖延时日，置之不理。曹彬再三思量之下，决定不日攻城。他在攻城之前特意嘱咐三军绝对不可伤害城中的一草一木。盟誓之后，他立刻进行战前动员和攻城部署，随后全线出击，强渡护城河，并攀墙攻城。

自 24 日起，宋军和吴越王派来的军队开始联合攻城。那一天，战鼓震天，厮杀声四面而起。烽火四起，燃烧了金陵城的碧空。南唐守将率部拼死抵抗，联军则屡次发动强攻。

27日，金陵被联军攻破，南唐将士退守城内，双方在城内展开激烈的巷战，彼此伤亡惨重，血流成河。虽然曹彬在战前三令五申破城后不得杀戮平民，不得焚烧古迹，但拖延多日的战争已令将士产生疯狂的报复心理，这导致城破之后，他们的行动失控了。

联军中的吴越军甚至焚烧了升元阁，造成当时骇人听闻的血案中最为残忍的一桩。升元阁原称瓦官阁，乃是南朝时期梁武帝所建。这里曾收藏了魏晋时顾恺之的名画维摩诘像、狮子国奉献的白玉佛像等海内外奇珍，在佛教界颇有盛名。联军破城之前，金陵城一些士大夫及豪民、富商、妇孺数百人为躲避战乱而逃到此处。没想到，吴越兵入城以后，罔顾人命，竟然放火焚寺，其间无一人幸免。吴越兵还在此时狂欢作乐，强迫俘虏的教坊乐工奏乐侑酒。国难当前，乐工慷慨就义，拒不操琴演奏。吴越兵恼羞成怒，将乐工全部杀死，以泄心头之恨。

辘轳金井梧桐晚，几树惊秋。昼雨新愁，百尺虾须在玉钩。琼窗春断双蛾皱，回首边头，欲寄鳞游，九曲寒波不溯流。

——李煜·《采桑子》

深宫之中的李煜面对这样的残酷血案，却只能眼睁睁地看着自己的子民遭受凌辱。国破，家亡，一个国家的灭亡不是史书上的寥寥数语，隐藏在其中的血迹和魂魄使得每一个字都如重千钧。面对如此国难，李煜痛苦难当。他明白，自己应该为这场战争中所有死去的人负责。他没有成为一个带领他们走向太平盛世的君王，甚至无法成为守卫这片土地的主人。

鸦声暮，寒气重。这位柔弱的君王一时间泪流满面。他放下手中的笔，像平日里一样慢慢站起，蹒跚着走向澄心堂。在那里，等待着他的是他的心腹和近臣们。也是在澄心堂，他最后一次以君王的名义和臣子们商议国家大事，也就是他们应该如何前往宋军中请降。

当时的气氛，凝重而苍白。李煜最后一次走向他的王座，他知道，之前不管自己如何卑微地向赵匡胤俯首称臣，在他的国土上，他依旧是高贵的王，被子民信任、崇拜、景仰和爱慕。然而，从今往后，这种生活将要同他永远地告别了。他的国土将被署上另一个名字，而他的子民也将忘记曾经尊荣的姓氏，为另一个截然不同的姓氏而骄傲。想到这里，李煜不由得泣不成声。

堂下的臣子亦是无言以对。他们看着他们的国主从王座上颓然而起，慢慢走向殿外。那里，曹彬已率领三军，井然有序地列出一条漫长的道路。李煜奉表献玺，肉袒出降，无比沮丧地托着皇帝玺绶，走在神色各异的宋军之中。他的身后跟随着他的重臣和皇室子弟，谁的脸上都是凝重凄凉的。

谁甘心成为亡国之臣，谁又愿意在黄泉之下无颜面见先辈？又有谁愿意离开生活了半生的故里，前往一无所知的异乡寄人篱下地活着？但那都是他们必须面对和经历的，今日之后，他们都将是没有国、没有家的人。

第三节

宿命流离别江南

纳降仪式是李煜心中永远的伤痛。他经历了前所未有的耻辱，也经历了从天堂到地狱的轰然转变。他的人生里，值得欢喜的事情是那样少，令他流泪的事情却是那样多。他小心翼翼、如履薄冰地走向曹彬，姿态卑微如同小丑。生死都被掌握在他人手中的滋味，确实是不好受的。甚至连提问都轻声细语，唯恐他人一个不满，就放火烧了整座金陵城，就如同当日他们焚毁升元阁那般。他小心地问："在下今后如何行止？尚望元帅不吝赐教。"曹彬回答说："圣上已修筑华丽楼阁以供阁下居住，衣食住行，俸禄优厚。只是俸禄终究有限，阁下可先行回宫准备行装，多带金银，以备不时之需。"曹彬的言语中透露出的宽慰之意，令惶惶不安如同惊弓之鸟的李煜稍感安慰。

曹彬容许李煜先行回宫，下属担忧李煜自尽而无法向赵匡胤交代，曹彬却不以为意。经过几次交锋，他已断定李煜不会如此。果不其然，虽然当初唐宋两军交战在即时，李煜曾立下豪言壮语，誓同南唐同生共死，如今国破家亡关头，他却踌躇起来，犹疑不决，不敢放弃生命，走上绝路。这位生性懦弱的君王毕竟不曾勇敢决绝过，他以迟疑的姿态怯弱了半生，此时亦是如此。

他没有殉国的勇气，屡屡食言，在这点上，他甚至比不上净德尼院的女尼们。她们得知宋兵入城、南唐亡国的消息，又看到远处燃起的熊熊烟火时，以为南唐皇室已起火，因而也放了一把大火，将整座寺院都付之一炬，自己也投入火海，以身殉国。那些刚烈的女子大多出身名门，是深宫里的宫娥，不愿将年华虚度在深宫里，情愿以身常伴清灯，让佛禅清静一心。她们本可以还俗，回归尘世，安然终老，可在家国大义之前，她们却慷慨地选择了一条不归路。

四十年来家国，三千里地山河。凤阁龙楼连霄汉，玉树琼枝作烟萝。几曾识干戈？一旦归为臣虏，沈腰潘鬓消磨。最是仓皇辞庙日，教坊犹奏别离歌。垂泪对宫娥。

——李煜·《破阵子》

李煜愧对的又何止是三千宫娥，他伤害和辜负的更是整个南唐，以及所有对他曾怀抱希望的人民。那个离开南唐的日子终究到来了。他带着后宫妃子、皇室子弟以及南唐重臣来到江边，随着曹彬登州北上，离开了这片他生活了多年的土地。他的心情沉重得近乎压抑，而身后诸人，亦是满面凄哀之色。

那天，天气十分阴沉，乌云低垂，几乎顷刻间就要压落，很快，雪色密布。或许天意也能感知人情，气候温润的江南竟然落了雪，为李煜一行人送行。雨雪茫茫而下，李煜登上船头，最后一次凝视着他的家国。苍茫的雪色里，一切都遥不可见，唯有宫殿的飞檐远远地露出嶙峋飞舞的一角，犹如画壁上挂着的梦。他急忙低下头，掩住眼中的泪光。

多年前，他的先祖李昪建立了南唐，将之前的亡国之君送离金陵，走的亦是水道。当时，作为胜利者的李家，于欢喜之中无人想到那个被送走之人的凄凉。多年后，他们的子孙也成为亡国之君，惶惶如丧家之犬般走上离国的路。风水同样萧萧索索，两岸青山的样貌都没有变化，仿佛唯一变化的只是故事里的主人公。这支船队带着曾经的君王逆流而上，穿过遥遥的青山和绿水，奔赴另一座历史悠久的古城。

他们先是顺流东下，到了扬州之后又沿着运河北上。这条古老的河流无声流淌，仿佛喜悲苦忧都与它无关。老臣徐铉感于心中的空虚苍茫，站在潇潇的风口，忍不住吟诵出一首凄凉的诗：

别路知何极，离肠有所思。
登舻望城远，摇橹过江迟。
断岸烟中失，长天水际垂。
此心非橘柚，不为两乡移。

——徐铉·《过江》

只有经历过那样巨大人世变故的人，才能写出这样沉痛的字句，一字一句都沉重无比。他们渡过的仿佛只是一条江流，可他们知道，其实他们离开的是一个永远都回不去的时代，这又如何能够令他们不感到茫然和痛苦呢？

船队到了楚州淮阴再入淮水西南行，沿途经洪泽湖至泗州临淮而入汴水，再经虹县、宿州、宋州、雍丘等地，最后驶抵汴梁。时值深冬，汴水冰冻，船只无法通行，赵匡胤唯恐夜长梦多，当即下令沿途州县衙设法破冰。各地官吏奉旨办事，冒着风雪酷寒，采用各种方法疏通河道。

北宋开宝九年（976年），北宋南征的队伍终于抵达宋都汴梁，前后历时一年的战役终于正式宣告结束。那天恰好是正月初二，新的一年刚刚拉开帷幕，汴梁的人们在烟火和爆竹中庆祝新年的来临和军队的凯旋。整座城市都沉浸在一种欢天喜地的气氛中。

然而，对于战俘李煜而言，这必定是他最为煎熬痛苦的一个新年。当他踏上北宋的土地时，他仿佛是惶惶然的流浪儿，在这片陌生的土地上不知如何是好。前来迎接和验收的是赵匡胤的四弟秦王赵廷美，他十分热情地款待了李煜。两人谈论诗词，以文会友，仿佛这不过是一场普通的朋友聚会，没有战争，也没有敌对，一切都是平和的，只有朋友之间的谈笑风生。

秦王的友善令李煜暂时卸下了重负，他开始以一种全新的眼光打量着北宋的京都。汴梁如同金陵一般，亦是位于江河之畔，虽然没有江南的美丽风景，但也别有韵味，往来商旅如流，行人如织，极是热闹繁华。他收回了打量的目光，开始安慰自己——虽然自己失去了国家，但还好，还有命在，心爱的人也陪伴在自己的身侧，这算得上是不幸中的万幸了。多年之前，他就已经接受了自己的宿命，现在不过是跟着宿命的安排颠沛流离罢了。

第四节
悲喜荣辱与君共

柳丝长，春雨细，花外漏声迢递。惊塞雁，起城乌，画屏金鹧鸪。

香雾薄，透重幕，惆怅谢家池阁。红烛背，绣帏垂，梦长君不知。

——李煜·《更漏子》

（此词一说是温庭筠所作，见《花间集》选本。但唐五代词选集《尊前集》把其归属李煜，从词意看，当为李煜前中期的作品。）

一个新的地方总会有新的风景。走进北境的李煜离开了他的江南，离开了他的家国，过往种种，俱往矣，唯独不变的，是她的笑颜，这是他一直贪着的暖意。那亦是他如今苍凉的人生中唯一的慰藉——千里迢迢，她一路跟随，荣辱喜悲，她无畏无惧。此时的小周后已经不是当年那个为爱而生的少女，也不是高贵端庄的一国之后，她只是亡了国的女子，跟着自己的夫君，随着宿命漂泊。

这更加验证了她爱上的只是李煜，并非南唐的君王。她爱他，于是愿意包容他的好和坏，她纵容他的任性、温柔、孩子气，放纵他沉溺故梦；她承担当年的骂名，却在亡国之后还愿意跟着他接受命运的安排，哪怕是成为囚徒。时光流逝，她的容颜也在老去，可与日俱增的是她的爱和勇气。因为爱他，所以她经得起金银的雕琢，也能忍受苦难的折磨。

李煜信佛，我不知道小周后是否也信仰神佛，但唯一可以确定的是，爱就是她的信仰。一个有信仰的女人，无论生活多么艰难，纵使三百六十五日，日日风霜刀剑严相逼，她也会绽放出璀璨的光芒，坚定地走下去。

香雾薄，透重幕，惆怅谢家池阁。红烛背，绣帏垂，梦长君不知。或许，她始终不知，自己爱上的是一个多么优秀的词人，开篇断代，犹如一个时代的开创者。他断送了自己的家国，却在另一方天地开辟了自己的国土。可是知不知道，又有什么关系呢？她已甘愿生死相随，又何惧风雨飘摇。

普光寺，这座素来香火鼎盛的寺庙，在那年接待了这对曾贵为国君和王后的夫妇。这是一座闻名遐迩的大寺，李煜身在江南时就听说过它的盛誉，如今天命弄人之下流离至此，又怎能不前去看看呢？他不顾老臣们的阻止，在得到曹彬的首肯之后，毅然带着小周后一同前往。

时年，正值新春，往来的香客们熙熙攘攘，一派香火繁盛的景象。妙龄的少女结伴而来，对着佛祖拜了又拜，不知求的是什么，总归是一脸盈盈笑意，半袖满怀憧憬。曾经的帝后二人，却在重重看守之下来到这座寺庙，一举一动都有人严密监守。在宝相威严的神佛之前，两人一同跪下，祈求佛祖庇佑，往后的一切不求荣华富贵，但求此生平安顺遂。为此，李煜甚至捐出千两白银的巨额香火钱。他们跪下的那一刻，一定十分虔诚。除了神佛，他们已经再无所依靠。

汴梁是一座由外城、里城和宫城三部分组成的城池。外城有十二座城门，城墙高四丈，四周环绕着护城濠，被称“护龙河”。而里城则有十座城门，城外也环绕护城河。外城和里城分为居民区和商业区。宫城又被称为皇城，有六座城门，分别为宣德门、左掖门和右掖门；东一门则是东华门；西一门则是西华门；北一门则是拱宸门。从总体上而言，这确实是一座气势恢宏、井然有序的城池，只是对于李煜而言，这里的一切都是那样的陌生和冰冷，令他辗转反侧、难以心安。

抵达汴梁之后，赵匡胤并没有立刻召见李煜，而将他安置在一座守卫森严的住所里，自己则和臣子们商议该如何举行“受降献俘”仪式。此时的李煜已是北宋案板上的鱼肉，任他们随意宰割而无还手之力。李煜不知道赵匡胤会如何安排自己，虽说曹彬已告诉自己赵匡胤绝不会亏待自己，甚至为自己修筑了华美的庭院，但那终究是在战争之前。战争发生之后，他不知道赵匡胤还会不会信守“诺言”，善待自己的家人和臣子。

正月初四，北宋举行了盛大的纳降典礼。在李煜表示自己愿意归降之后，赵匡胤下令宣读了当初征讨南唐的檄文，其间将李煜形容成一个暴虐无道、不知天命的君王，而自己的南征正是天命所归。李煜如今身为战俘，寄人篱下，自然不敢有所违抗，只好忍气吞声，任由赵匡胤摆布。看到李煜逆来顺受，赵匡胤十分满意，下令宣读他之前就准备好的诏书：

江南伪主李煜，承奕世之遗基，据偏方而窃号。惟乃先父早荷朝恩，当尔袭位之初，示尝禀命。朕方示以宽大，每为含容。虽陈内附之言，罔效骏奔之礼，聚兵峻垒，包蓄日彰。朕欲全彼始终，去其疑间，虽颁召节，亦冀来朝，庶成玉帛之仪，岂顾干戈之役。蹇然弗顾，潜蓄阴谋。劳锐旅以徂征，傅孤城而问罪。洎闻危迫，累示招携，何迷复之不悛，果覆亡之自掇。

昔者唐尧克宅，非无丹浦之师；夏禹泣辜，不赦防风之罪。稽诸古典，谅有明刑。朕以道在包荒，恩推恶杀。在昔骡车出蜀，青盖辞吴，彼皆闰位之降君，不预中朝之正朔，及颁爵命，方列公侯。尔实为外臣，戾我恩德，比禅与皓，又非其伦。特升拱极之班，赐以列侯之号，式优待遇，尽舍尤违。可光禄大夫、检校太傅、右千牛卫上将军，仍封违命侯。

“违命侯”，李煜心知这是一个带有侮辱性的封号，赵匡胤是故意这么赐封的，但他如今无权无势，不过一介亡国之君，又哪里能够反抗分毫呢？他只能怏怏不乐地接受了这个封号，当他的“违命侯”。跪在他身侧的小周后侧过脸，凝视着眉目紧锁的夫君，忽然莞尔一笑。李煜明白过来——违命，这又何尝不是一种骄傲呢？世上能有几人敢于违背天命？他轻轻握住她的手，于心中暗然道：不管赵匡胤如何伤害侮辱他，他并不是一无所有之人。

第九章

粲然锦花随风散

第一节
莺啼散，余花乱

李煜成为违命侯没过多久，平静的生活再度生起波澜，先是老臣徐铉、张洎被赵匡胤委以重任。他们原本无惧赵匡胤的帝王威严，敢于在他面前仗义执言，这份勇气反而令对方龙颜大悦，对他们赏识有加。再是未久，赵匡胤竟然驾崩于深宫之中，此前并无预兆。

赵匡胤死后，继承皇位的不是他的儿子，而是跟随他多年的胞弟赵匡义。在赵匡胤灵前，赵匡义手持其兄遗诏，才得以继承大宝。遗诏的真假已无从辨别。然而，李煜的命运却因此发生了巨大的变化。

当年 11 月，赵匡义下令废去李煜“违命侯”的封号，改封“陇西郡公”。公侯爵子男，按照爵位等级来看，改侯为公，李煜的地位似乎有所提升。但实际上却并非如此，李煜的处境更加困窘，陷入某种诡异而无法伸张的境地。

赵匡义素来爱好读书，后人说他嗜书成痴，他自己也不止一次在公开场合提及自己的爱好。在即位之后，他以为原来宫中的三个书院过于狭窄，特意下令修建了崇文院，将原先三个书院的收藏尽数搬入之后，还增添了许多珍本。其实，赵匡义并不是一个毫无雄才大略的皇帝，他懂得收买人心、礼贤下士，一改往日北宋重武轻文的风气，下令优待大江南北的士子文人。只是，这些都不意味着他能够善待李煜，或许，这其中也有文人相轻的缘故。

即位之后的赵匡义曾多次召李煜入宫，与他一同前往崇文院观书，然后故意笑问："据闻卿在江南亦喜读书，更喜收藏。此中孤本、善本多是卿的爱物。不知卿归顺本朝后是否常来书院披览？"每每面对这种情况，李煜总是无可奈何满怀悲愤，却不敢有所反抗。赵匡义此举，只不过是为了侮辱伤害他，只是他如今寄人篱下，连性命都掌握在他人手中，只能忍气吞声。

崇文院中的书籍字画，有很大一部分来自南唐，来自李煜的精心收藏。南唐亡国之后，这些珍贵文物被运往汴梁，成为崇文院的一部分。试想，沦为阶下囚的李煜，面对这些熟悉的事物，如何能够不回忆起往昔？想当年，轻衣挑灯的君王深夜不眠，描摹着珍贵的书画，于一旁细密地落下自己的感言和鉴赏。而如今，物是人非，字画上面还有自己的一字一句，而它们的主人已经不再是自己。

更令李煜痛苦的还是赵匡义对妻子的伤害。南唐降宋之后，小周后循例被封为郑国夫人。名号虽然华贵，但却毫无意义，赵匡义又哪里会真正地将她当作郑国夫人。他时常将小周后召入宫中，肆意调笑，百般凌辱。从前堂堂的一国之后竟然被当作可以肆意玩弄的宫娥艺伎，深爱着李煜的小周后不堪凌辱，每次从宫中回来都对着丈夫失声痛哭、以泪洗面。后来，元人张宗在其画《太宗逼幸小周后图》中说：一自宫门随例入，为渠宛转避房栊。太宗就是宋太宗赵匡义，显然，此事并非子虚乌有的野史传闻。沦为囚徒的李煜夫妇确实在身体和精神上都受到十分深刻的伤害。

面对此情此景，李煜感到十分痛苦。身为君王，已经失去了自己家国的他，日夜都生活在痛苦和自责当中。如今为人夫君的他，又无法保护自己的妻儿，只能眼睁睁地看着她受尽欺辱，心中的悲愤几近喷薄而出。看到李煜的无能为力，赵匡义更加乐此不疲。小周后成为战争的牺牲品，对于赵匡义的所作所为，她恨不能将他食肉寝皮，可转念一想，自己和丈夫的性命都掌握在他手中，他只要轻轻一捏，就能够令他们死无葬身之地。为了丈夫，她只好咬牙强忍。

李煜也并不比她好过，每当小周后被强行带入宫中时，他都会忍不住陷入痛苦之中。虽然小周后并不是他的发妻，可他对她的感情并不比对娥皇的少。她小小年纪，就愿意放弃一切跟随着一个如此失败的自己，不要名利，不要荣华，只要跟着他，哪怕走到如今如此惨然的境地中，她都不曾后悔。而如今，窗下落花，凄冷山水，偌大的繁华里，自己是备受监禁的笼中鸟，她也因此受到牵连。如若她当初没有选择自己，纵使下嫁一个默默无闻的寒士，今日又何至于会受到这样的伤害和侮辱。

晓月坠，宿云微，无语枕频倚。梦回芳草思依依，天远雁声稀。莺啼散，馀花乱，寂寞画堂深院。片红休扫尽从伊，留待舞人归。

——李煜·《喜迁莺》

望着空荡荡的厅堂，冰冷得寒气陡生的墙壁上，自己被烛光画出一道长长的影子，长长的，却只有一个，李煜不禁泪落长衫。他想起当年初遇时，她粲然的笑靥，明艳、放纵，如同秋水的双眸盈盈潋滟，就这样抓住了自己的心。他们有过甜蜜的往昔，也有情浓得化不开的誓言。他孤身坐在窗前，月落西沉，云边微瑕，天边隐隐传来鸟鸣，划过的流莺和花影转瞬即逝，映衬着此处的清冷花厅，一如雪上加霜。他抬眸，脖颈已僵硬，晨色已近，夜色已去，可是他等了一宿的人却依旧不见踪影。他不知道自己要等到什么时候，他只知道，自己除了等待，什么也做不了。

降宋之后的李煜不再是年少时那个凡事都由父亲担待着的少年，可以纵情山水，无忧无虑；亦不是初为人父的君王，身侧美眷如花，谁都赞叹他的文采与情思；也不是南唐的末代后主，纵使家国残破，在自己的小小天地里，依旧有人为自己出谋划策、遮风挡雨。过往里的人们都已成为故事，那些追随自己、保护自己的老臣们也不知前往何处，有些在黄泉，也有的另投了明君。他们是对的，他不是合格的君王，亦不是合格的丈夫，不论是对家或是对国，他都无颜以对。

雾蒙蒙的天光里，寂寞悲伤的昔日君王扬起脸，明烈的日光映照在他的脸庞上，照出了他两鬓斑驳的青霜。时光似水流年，原来不经意间，他也已老去，不复过往青春年华。

第二节
胭脂泪，离人醉

清明，谷雨。大暑，小暑。霜降，冬至。二十四节气，亦是二十四种人生。降宋后，这一时期的李煜正值人生的霜降时分。大寒降至，即将走向尾声的生命，却依旧有着夺目的光彩，寒霜熠熠，绽放着最后的流光溢彩。他的诗词人生亦是如此。走进这段人生的李煜经历了此前难以想象的痛苦，他的心境亦有了极大的改变。苦难磨砺人生，他的文学才华被这种残酷的命运激励出来，越发地光彩耀眼。

是的，赵匡义可以侮辱他、伤害他，用各种残忍的方式打压他，却无法掠夺他在文学上的成就。相反地，在某种程度上，他对李煜的伤害成为一个契机。尽管李煜无法从政治上反抗他，如他所愿地推翻赵氏王朝，重新建立南唐，而后一统天下，名列三皇五帝，因为他没有那样的才能，也没有那样的勇气，然而他可以在另一个领域功垂千秋、昭彰青史。

> **林花谢了春红，太匆匆。无奈朝来寒雨晚来风。胭脂泪，留人醉，几时重？自是人生长恨水长东。**
>
> ——李煜·《乌夜啼》

初春时节，当深山中绽开了第一抹水红，被幽禁在重重楼阁中的李煜推开小窗，眺望一城山水。他想起了烟雾缭绕的昔日，岁月是这样匆匆，过往的亭台楼阁、三千宫娥都化作灰烬青烟，无声散去。他回忆起他的人生，只觉得黄粱一梦。浮生袅袅，谁的人生能够如他一般，跌宕回环，兜兜转转。他怅然无语，心中的愤懑、惆怅、哀伤、痛苦交织成无法抑制的情愫，从笔端倾泻而出。

如今粲然盛开的花，终有一日会随风飘散，盛开得璀璨，凋谢得也疾速，人们甚至都无法捕捉一缕花影，它就已飘然而去。时光太匆匆，命运太弄人，他多想回到当初，只要命运给他一个好好告别的机会，而不是记忆中的匆匆错过，留下如今的无限惦记与感怀。

李煜是一个多情的人，正是因为多情，他专注于一切温柔的、含情脉脉的事物，不论是文字还是人，这才断送了他的南唐江山。但也正是他的多情，令他纵使被幽禁高楼，依旧能够温柔地感受身侧的一草一木，作出无数华彩的词作。他怀念昔日落花满地香满衣的生活，因此能够写出“烛明香暗画堂深，满鬓清霜残雪思难任”的词句；他细腻地感知着自己内心的细微活动，因此能够描摹出“剪不断，理还乱，是离愁。别有一般滋味在心头”的伤感。

纵使只是听到遥远的楼外农妇洗衣的声音，他也能留下精彩的作品：

深院静，小庭空，断续寒砧断续风。无奈夜长人不寐，数声和月到帘栊。

——李煜·《捣练子令》

夜深人静之时，独守空楼的李煜难以入眠，思绪是不任人管束的飞鸟，即使李煜想要安静地享受月色，亦是难以如愿。他只能听着楼外远处隐隐约约的捣衣声，伴着寂寥的风声，任由思绪如泉涌。如此静夜，如此怅然时分，听到这声音，他难免想起自己寄人篱下的处境。就算只是一介寒妇，亦是自由的，她有着自己的家，自己的亲人，自己的人生，她可以自由地行走在天地之间，不会像自己一样，一举一动都要受到严密的监视，处处都不能顺心如意。

他只能像在南唐时一样借酒消愁。赵匡胤在位时，李煜的供奉之中包括每日三石酒。赵匡胤驾崩，赵匡义即位后，这项供应便悄然终止了。身在汴梁的李煜无法同在南唐时相比，有求必应，人人都在奉承讨好。他也没有丰厚的财富供他挥霍，继续以往纸醉金迷的生活。他只好上书赵匡义，希望他能够看在自己亡国的份上，宽厚地对待自己。赵匡义见到之后，为了表示自己的宽厚大度，便给李煜添了三百万钱的酒钱。酒的问题总算是得以解决。

酒喝多了，自然会醉。人醉多了，往往就会做梦。那一晚，他梦到了千里之外的故国，亦或者，只是故乡。他梦到自己行走在江南的春花绿树里，林间隐约有莺啼，婉转娇憨的，伴着淡淡的琵琶声，宛如天籁。身侧萦绕着幽幽的芬芳，那是久违的花香，北国虽然也有花，可总比不上江南的温柔，连香气里都有淡淡的甜。他走出美好的春光，走进一个车马如织的城市，城市里的人们安居乐业，街市上人流熙熙攘攘，灯花如繁星，明艳了一座城，亦明亮了他的双眸——那是他的金陵城，他生活了数十年的金陵城。

欢喜里，他随着人流走到秦淮河畔，一切如旧，流水潺潺，歌声婉婉，画舫小舟穿梭在人们的目光和叫喊里。他抬眸，将所有都牢记在心底。总是要失去之后，才知道珍惜。这座城市还属于他的时候，他不曾将它放在心上，直至今日，这里终于成了他人的国土，他才知道，他是那样爱着这里，爱着他的家国。

梦终究是要醒来的。很久没有睡得这样安谧，李煜留恋着梦境中的一切。如今的李煜，也只能在梦中寻觅他过往的荣耀和辉煌，来安慰现实里他那颗千疮百孔的心。他默然回首，仿佛要望向梦里的繁华和流彩，可是回首里看到的不过是一堵冰冷的墙，隔着墙，他知道墙外又是一座墙。他的生死就被困在这些重重的深墙里了，一生一世，无望的，亦是无尽的。

闲梦远，南国正芳春。船上管弦江面绿，满城飞絮滚轻尘。忙杀看花人。

闲梦远，南国正清秋。千里江山寒色远，芦花深处泊孤舟。笛在月明楼。

——李煜·《望江南》二首

梦境里的美妙被永远地凝固在笔墨上。这是一个永远不会被惊醒的世界，他可以安心地徜徉其中，回味其中的一分一毫：春深时分的南国、清秋时节的南国。秦淮河上飞流而过的画舫、船只渐渐从城市来到两岸青山相对出的地方，满城飞絮逐着水流而来，落入芦花的深处，绮丽而宁静，如同当年月明楼上一曲笛声吹落梅花，吹断惆怅。

第三节
金陵城，终成梦

人生愁恨何能免，销魂独我情何限。故国梦重归，觉来双泪垂。高楼谁与上？长记秋晴望。往事已成空，还如一梦中。

——李煜·《子夜歌》

金陵城的繁华终究是一个梦。梦和现实有如隔着天堑。梦境是那样美好，现实是那样痛苦和苍白。故国梦重归，觉来双泪垂。往事已成空，还如一梦中。这才是李煜的现实，他不得不认同与顺从的现实。

他知道，生性懦弱的自己是无法承担家国大业的。守成尚且无能为力，更何况是被寄予成就大业的希望呢？世界上再也没有一个人比李煜更加了解自己。他对自己有着清醒的认知，因此在投降北宋后并未作出任何反抗的举动，甚至不曾玉石俱焚。这体现了他的胆怯，亦是他对命运的服从。但服从命运却并不意味着他能够安然无愧于一切，可以坦然走向命运的终点。

据说，南唐旧臣校书郎郑文宝曾是李煜的长子仲寓府内的校书郎，君臣二人相交甚密。亡国之后，郑文宝不愿投靠宋人，流浪多年，终于流落至汴梁。得知李煜被困高楼之后，他屡次想要面见旧主，无奈次次都无法如愿，最终只能化成渔夫，隔着楼墙，遥遥相见。那一瞬间，想必李煜已是泪流满面。旧日辉煌，已成黄花。陌路相逢，相逢已是不敢相见，又是一种怎样的悲凉。

当初的豪言壮语，已在种种困窘中消磨殆尽。那颗曾经也算颇有计谋的心，如今再也提不起任何意趣。被禁锢的日子里，李煜时常想起当年校检太尉鹿虔扆的一首《临江仙》：金锁重门荒苑静，绮窗愁对秋空。翠华一去寂无踪。玉楼歌吹，声断已随风。烟月不知人事改，夜阑还照深宫。藕花相向野塘中，暗伤亡国，清露泣香红。

鹿虔扆原是后蜀人氏，这首《临江仙》是为凭吊后蜀而作的。此时，李煜反复吟诵，只是在其中找到共通之处罢了。后蜀和南唐一样，都是短命王朝，那些华丽的宫殿楼宇也曾人烟繁盛，香风如画，如今只是在月色下暗自寂寥，秋色里无声生尘。凌波不过横塘路，寂静的碧水里，多年前枝叶翩跹的莲花，现今只落得个留得残荷听雨声的结局。

原来，亡国是这样一件难过的事情；原来，沦为阶下囚是这样一件痛苦的事情。李煜吟诵着亡国的词句，又是一夜辗转难眠。因为心有所感，他写了许多怀念故国的诗词。由于他的政治和文学地位，这些词作很快被传到大江南北，在众多文人之间竞相传诵。李煜并没有反抗赵氏王朝的本意，然而此时北宋正处在统一天下不久后的阶段，人心未稳，赵匡义这个王座还坐得并不稳。潜伏在民间的探子将此事报给赵匡义之后，赵匡义按捺不住心中的怒火。

在他的眼中，李煜降宋之后的生活并没有什么可以抱怨的地方，北宋对待降王大度宽容到这个地步，实在是古今罕见。他不但为他修建了堪比皇宫的住所，还高官厚禄地养着他。然而李煜居然还心有不甘，写出这些东西来挑战他的自尊，实在是太过分了。赵匡义不如赵匡胤那样有王者风度，一笑置之就按下此事，这位素来心胸并不宽大的皇帝，暗暗对李煜存上了怀恨之心。

赵匡义并没有立即开始行动，他先是召来李煜的旧臣徐铉，此时徐铉已为宋臣，奉命撰写《江南录》。赵匡义命徐铉时常去探望李煜，并将两人对话如实禀告。徐铉如今已非唐臣，虽然心有疑虑，却不敢抗旨不遵，只好前往幽禁李煜的地方。徐铉虽然今非昔比，但心中依旧留恋旧年旧主，此时君臣二人相见，自然是感慨万千。

两人相见后，徐铉欲给李煜行礼，李煜战战兢兢地阻止了老臣，只说自己如今已是降王，若是徐铉给自己行礼的事情被赵匡义知晓，说不定又是一场弥天大祸。他已经被生活消磨成更加怯弱的男子，徐铉忍不住长叹一声。这声长叹唤起了李煜的记忆，他心中百感交集，悔道："当初真不该错杀潘佑、李平啊！"那两位冤死的南唐旧臣对李煜和南唐都忠心耿耿，却死在自己效忠的君王手里。如果他们没有丧命，那么南唐的命运说不定会有所转机。如今李煜的悔意只是徒然，只是苍白。提起旧事，徐铉亦默然无声。一切都已无法回头，李煜的忏悔毫无意义了。

徐铉起身离去之后，即刻被赵匡义召入宫中，详问两人交谈之情。徐铉惶然之下不敢有所隐瞒，只能事无巨细地将两人的对话告诉赵匡义。李煜的话令赵匡义勃然大怒，身在汴梁，享受着大宋衣食的李煜竟然还敢思念故国，悔杀忠臣！此时，赵匡义已非怀恨在心那么简单了，恨意已被燃烧成杀机。对于李煜，赵匡义已恨不得杀之而后快。

对于赵匡义的杀心，蒙在鼓里的李煜一无所知。他不知道自己的一句叹息竟然让对方起了杀心，自己的性命也将断送在这句话上。梦里不知身是客，他并不属于北宋，他的魂魄是属于那个美好得宛如梦境的江南的，他亦是如此依恋着失去的江南。可倘若他知道这种依恋和怀念将成为他的催命符，他是否还有胆量纵容自己的想念？一切的一切都已经是青史上的谜团，那个惆怅凄苦了一生的词人，也最终走向了自己的黄泉末路。

第三节
七夕夜，梦断肠

北宋太平兴国三年（978年），七夕夜，南唐降王李煜身死寓所。赵匡义追封其为太师，加封吴王，最终落葬邙山。那年，是李煜出生的第四十二个年头，四十二年前的七夕，他呱呱降生在繁华的金陵城里，开始了他灿烂而悲惨的一生。四十二年后，他身中剧毒，痛苦地死在异国的土地上，结束了他遗憾而圆满的人生。

生于七夕，又死于七夕。这仿佛是一个轮回，亦是一个笑话。贾宝玉在林黛玉死后，茫茫然里魂魄出窍，懵懂无知里询问鬼差，鬼差只问他所寻何人。他道是：姑苏林黛玉。却不知李煜走向奈何桥时，报的身家姓名是否是“南唐李煜”。他的家，他的国，已经覆灭，成了灰，成了烟。纵使成了北宋的降王，他依旧是这片土地上的孤魂，无国，亦无家。

或许，李煜从未想过自己也会死。风里浪里，那么多次刀山火海，他都侥幸留下命来，苟且偷生。他或许以为自己会在漫长的屈辱中慢慢老去，平静地接受死亡。可是命运却赋予他一种屈辱且神秘的死亡方式。这令后人们百生疑窦，却没办法给出一个正确的答案。历史总归只是一个人的历史，相信与否，也是一个人的事情。

当然，对于李煜的死因，最公认的说法是赵匡义下的毒手。那年的七夕节是李煜四十二岁的寿辰。随李煜一同来到汴梁的后妃宫娥为了讨他的欢心，特意安排了一场精心设计的表演。庭院里彩灯盈盈，歌舞声乐，一如当年身在南唐时。只是什么都不一样了，天上的牛郎织女年年相会，地上的人们却日渐白头。面对妃子们的苦心，李煜挤出了一个笑容，但是他们都知道自己只是在强颜欢笑，默默地忍受着心里的屈辱和悲哀。

冰冷的酒入了喉，一路熊熊燃烧，仿佛一场滔天的火。他忍不住掷开手中金杯，长声道：春花秋月何时了？往事知多少。小楼昨夜又东风，故国不堪回首月明中。雕阑玉砌应犹在，只是朱颜改。问君能有几多愁？恰似一江春水向东流。那是他最为人熟知的诗篇，亦是他最后的放纵和豪气，更是生性柔弱的李煜对赵氏王朝的反抗。在这里，他找回了尊严和人格。

身侧的妃子们听到，亦是泪眼婆娑，已经有熟知音律的女子轻声歌唱，忧愁悲伤。渐渐地，这缕歌声有越来越多的声音相和——

她们虽然未曾经历李煜的悲伤，但是失去故国，沦为孤魂的痛，她们都感同身受。

这件事被赵匡义的暗探探询得知，很快，赵匡义也听到了风声。他勃然大怒，往日积累起来的恨意成了燎原的大火，他觉得，必不能将李煜留在世上了。这个人不知天高地厚、不知知恩图报，他已是忍无可忍！帝王的杀心是最可怕的，更可怕的还是李煜对此事竟浑然无知。他只是顺从自己的内心，却没想到，即使自己对对方俯首称臣、极尽卑微，也换不来对等的回报。

赵匡义将素来同李煜交好的秦王赵廷美召入宫中，借说自己对李煜的文采十分欣赏，今日恰逢七夕佳节，又是李煜的生辰，希望赵廷美能够前往李煜的府邸，将自己的赏赐传达给他。秦王一向同李煜颇为投机，两人对诗词歌赋都很有研究，赵匡义这样一说，赵廷美便欣然答允，当夜就将赏赐送到了李煜的府邸。

由于送来赏赐的是秦王，李煜毫无戒备，更不会想到赵匡义会这样毫不掩饰地将毒药放在酒中。是夜，李煜喝下了赵匡义赏赐的美酒，即刻毒发，四肢抽搐，痛苦难当。赵匡义毒死李煜的药，是为牵机，是他和太医研制多时的密药，服用者顷刻之间就会七窍流血，毒发身亡。经过一番痛苦的煎熬，李煜终于闭上了双眼。时年，不过四十二岁。这位风流了一生、痛苦了一生、荒唐了一生、优美了一生的词人，在经历了文人、皇子、君王、阶下囚等多种身份的转换之后，终于成为政治斗争的一缕亡魂。

或许，他毒发时，死不瞑目，直至黄泉亦觉得冤枉。他还年轻，还有很多美酒未曾喝完，还有满腹的好词未曾出世，他还不想就这样去面对父亲和祖父，以及那么多的南唐亡臣。或许，闭上双眼的那一刻，他是无怨无悔的，甚至含笑而去。亡国后的生活是那样的痛苦，这已经让他生无欢、死无趣了。只是偏偏自己没有结束生命的勇气，只能任由命运摆布。能够以这种方式终结，离开这个满是血泪的尘世，未尝不好。

不论是不甘，还是无怨，他都无法逃脱死亡的命运，无法逃脱任由后人评说的命运。他死后，旧臣徐铉奉命为他撰写了墓志铭。在墓志铭里，徐铉不失偏颇地评定了李煜的一生，不论是功，还是过，徐铉都极其公允地记录下来：李煜为人，乃是以儒家修心养性的说教，以及佛门普渡众生的信条为言行准则，既宽人又爱物的。可遗憾的是，由于他不善变通，结果物极必反，善成了恶，最后落得个自食苦果的结局。而李煜为政则是躬行仁义，但是，这种适用于太平盛世的政策于当时已经无济于事。至于李煜为文，则独具特色，“精究六经，旁综百氏”、“洞晓音律，精别雅郑”。李煜不仅写就了雅颂文赋凡三十卷，杂说百篇，而且续写了《乐记》，堪称旷世奇才。

李煜死后不久，整日以泪洗面的小周后便随之而去。在众人的努力之下，小周后得以与丈夫合葬在邙山。在天愿作比翼鸟，在地愿为连理枝。当初花前月下的海誓山盟，终究得以实现。在人间，他们受尽了折磨，依旧相依相守，直至死亡将他们分开。

在黄泉，他们依旧是恩爱夫妻，生死相随，可歌可泣。天长地久有时尽，此恨绵绵无绝期。这之于李煜而言，不啻于人生中最后的圆满。直至终局，他也不是寂寞的，他依旧有爱相随。这就已经足够。

后记

落花流水春归去

当一切都已成为往事，所有的是非功过、黑白对错都显得不再那么重要了。谁的痛、谁的伤、谁的欢喜、谁的忧愁，在过往的分分秒秒里，都是那样鲜活地存在过，最后一切都要归于尘土。

葬在邙山的李煜是否安眠、是否依旧忧愁、是否飘荡在异国的天空不得安宁、是否在渴求一场无关家国与风月的救赎，我们已无从得知。我只是希望他能够安睡，得一个圆满，求仁得仁，求爱得爱。

年少的我，并不喜欢这个命运多舛的文人。他多情，也薄情，分明有着那样好的一个妻子，却未曾好好珍惜。他多才，也有着致命的缺陷，多才多艺的帝王命运都不圆满，并且辜负了太多人，譬如宋徽宗，譬如李煜……他们的身上有着很多我不喜欢的东西：懦弱、凉薄、错用聪明、苟且偷生。

那时的我，喜欢一切明艳的、决绝的、一往无前的东西。若是当年宋军兵临城下时，李煜不为余生而偷生，反而玉石俱焚，将一身傲骨化作一缕青烟，我必定会对他有更多的感慨。然而，即使是我，也知道那只是一枚小小的、可笑的心愿。李煜注定是一个胆怯的人，他的文学细胞铸造的不是一副铿锵的铁骨，只是一具温柔软弱的躯体，并于江南的烟雨里日益柔软。

可在时间流转的途中，我在渐渐成长和转变，这个有着那么多缺陷的词人，慢慢吸引了我的注意力。他就像一尊精致的洁净的玉雕，尽管太过细腻，依旧曾惊艳了许多时光。他工于书画，精通音律，醉心诗词，惊才绝艳，他的生命虽然短暂，可艺术的生命却永远年轻、艳丽、光彩夺目。千年的时光流淌而去，艺术世界里的他依然栩栩如生，兰芝玉树般活在后人的心中。

在词的天地里，他是一代宗师，开宗立派，一如里程碑。在他之前，词的发展并不够完善，而他承担了这个责任，将一种只堪艳曲的小令发展成雅俗共赏的文艺作品。此后，才有柳三变，才有苏东坡，才有秦少游，才有李易安，才有辛稼轩，才有姜白石、蒋竹山、纳兰容若……这一个个说出来都觉得文艺至极的名字，实际上有着一个共同的先生。

那就是李煜。

所以，尽管他的人生充满了失败、不得意，但凭着这一点，他就可以傲视其他帝王。那些站在权力金字塔最顶端的人们虽然可以控制人们的生命，却唯独无法控制人心。李煜的词却可以温柔那些刚硬的心，柔软那些在人生中日益茫然的灵魂。我想，这才是李煜词的意义，我们应该挖掘的意义。因而，我认为，一切能够温暖心灵、完成救赎的东西，都应该获得应有的尊重。